산상수훈강해

복 있는 사람들

Copyright ⓒ 1989 by The Kathryn Kuhlman Foundation
Originally published in English under the title
"The Beatitudes"
by The Kathryn Kuhlman Foundation
P.O. BOX 3 Pittsburgh, PA 15230. U.S.A.
Korean translation Copyright ⓒ 2002 by Grace Publisher
178-94 Soonin 2dong Jongro-gu Seoul, Korea
All rights reserved

산상수훈강해
복 있는 사람들

Kathryn Kuhlman

The Beatitudes
...and other sermons

은혜출판사

CONTENTS

서문 … 8

제 1 장 심령이 가난한 사람 … 15
제 2 장 애통하는 사람 … 30
제 3 장 온유한 자는 복이 있나니 … 42
제 4 장 주리고 목마른 자 … 53
제 5 장 하나님의 크신 긍휼 … 60
제 6 장 마음이 성결한 자 … 70
제 7 장 화평하게 하는 자 … 83
제 8 장 의를 위하여 박해를 받은 자 … 100
제 9 장 소금과 빛 … 112
제 10 장 천국의 의 … 137
제 11 장 하나님의 궁극적 법은 무엇인가? … 152
제 12 장 천사의 보호 … 154
제 13 장 구름의 균형 … 174

예수께서 무리를 보시고 산에 올라가 앉으시니 제자들이 나아온지라

입을 열어 가르쳐 이르시되

심령이 가난한 자는 복이 있나니 천국이 그들의 것임이요

애통하는 자는 복이 있나니 그들이 위로를 받을 것임이요

온유한 자는 복이 있나니 그들이 땅을 기업으로 받을 것임이요

의에 주리고 목마른 자는 복이 있나니 그들이 배부를 것임이요

긍휼히 여기는 자는 복이 있나니 그들이 긍휼히 여김을 받을 것임이요

마음이 청결한 자는 복이 있나니 그들이 하나님을 볼 것임이요

화평하게 하는 자는 복이 있나니 그들이 하나님의 아들이라 일컬음을 받을 것임이요

의를 위하여 박해를 받은 자는 복이 있나니 천국이 그들의 것임이라

나로 말미암아 너희를 욕하고 박해하고 거짓으로 너희를 거슬러 모든 악한 말을 할 때에는 너희에게 복이 있나니

　기뻐하고 즐거워하라 하늘에서 너희의 상이 큼이라 너희 전에 있던 선지자들도 이같이 박해하였느니라

　너희는 세상의 소금이니 소금이 만일 그 맛을 잃으면 무엇으로 짜게 하리요 후에는 아무 쓸 데 없어 다만 밖에 버려져 사람에게 밟힐 뿐이니라

　너희는 세상의 빛이라 산 위에 있는 동네가 숨겨지지 못할 것이요

　사람이 등불을 켜서 말 아래에 두지 아니하고 등경 위에 두나니 이러므로 집 안 모든 사람에게 비치느니라

　이같이 너희 빛이 사람 앞에 비치게 하여 그들로 너희 착한 행실을 보고 하늘에 계신 너희 아버지께 영광을 돌리게 하라

〈마 5:1-16〉

서문

산상수훈을 공부함으로 나의 생각이 새로워졌듯이 여러분의 생각도 크게 변화받게 될 것입니다.

마태복음 5장을 펴 주십시오. 여러분은 여기에 있는 한 마디도 버리는 것이 없음을 알게 될 것입니다. 한 마디도 없음을 말입니다.

이 정도로 유명한 설교, 혹은 풍부한 영적 양식(rich meat)과 깊은 진리로 가득찬 설교는 지금까지 어느 신학자도 어느 성경학자도 발견했던 적은 없다고 나는 믿고 있습니다. 우리는 마태가 기록한 이 설교를 이제부터 공부하려고 합니다. 예수님이 말씀하신 이 설교에는, 그분께서 하신 말씀에는 지극히 조그마한 모순 조차도 없습니다.

그분은 여러 가지 현실적인 것들을 다루셨으며, 매우

실제적인 규정(rule)을 제시하셨습니다.

우리는 예수님을 병든 자들을 치유하시는 위대한 의사(physician)라고 생각하고 있습니다.

우리는 그분이 떡 다섯 개와 물고기 두 마리로 오천 명을 먹이신 기적에 대해 감동해 왔습니다.

우리는 그분이 아이들 위에 손을 얹고 축복해 주시던 모습도 우리 마음의 눈으로 봅니다. 그렇지만 여러분은 설교하시는 예수님에 대해 생각해 본 적이 있습니까?

예수님은 역사상 가장 위대한 설교를 했습니다.

예수님의 제자들과 군중들은 어딘가 아름다운 예배당 안에 앉아 있었던 것은 아닙니다. 그들은 예수님을 뒤따라 산기슭(mountainside)까지 와 있었고, 거기서 예수님은 사람들에게 가르치셨는데, 그 내용은 사람들이 이 지상에서의 생활에 관한 매일의 실행지침 또는 규정을 짓기 위해서였습니다.

예수님이 그 청중들 앞에 앉아 계셨을 때, 그분이 친히 눈 앞에 보고 계시던 사람들에게만 설교하셨던 것이 아니고, 시간의 망원경을 통하여, 여러분과 나도 보고 계셨습니다.

당시 그분의 설교는 우리 모든 사람들을 위한 것이었습니다. 이 뛰어난 설교 가운데서, 그리스도는 자신의 몇 가지 규범을 제공해 줍니다. 그렇지만 그분은 그러한 규범들을 내놓기 전에 자신을 따르는 자들에 대해서 자신들이 진정 누구인가를 이해하도록 이끌고 계십니다.

거기에는 여러분과 나도 포함되어 있습니다.

성경은 우리가 그리스도와 함께 그분의 나라에 들어갈 수 있다고 말씀하고 있습니다. 로마서 8장 16-17절에 이렇게 기록되어 있기 때문입니다.

"성령이 친히 우리의 영과 더불어 우리가 하나님의 자녀인 것을 증언하시나니 자녀이면 또한 상속자 곧 하나님의 상속자요 그리스도와 함께 한 상속자니"

우리는 지금 이 지상에서 하나님 나라에 속할 수 있습니다. 어떤 사람이 이 육의 몸 안에 있으며, 이 지상에서 살고 있는 동안에 하나님 나라에 속할 수 있다는 것은 절대적으로 가능합니다.

당신은 하나님의 자녀로서 귀중한 사람입니다. 가슴을 펴고 걸으십시오. 등을 펴고 똑바로 서십시오. 미소를 띠고, 행복으로 기뻐하는 사람이 되십시오.

지금 이 지상에서 당신은 하늘 나라에 속해 있습니다. 당신은 하나님의 독생자이신 예수 그리스도와의 공동상속인이 되어 있습니다.

하나님의 나라가 당신의 것이라는 사실을 이해하는데

서 당신의 인생을 패배로부터 승리로 바꾸십시오.

당신은 당신의 상속분을 받기 위해서 혹은 이 위대한 왕국의 일원이 되기 위해 죽을 때까지 기다리고 있어야 할 필요는 없습니다.

그것은 지금 바로 이 순간 참으로 당신의 것입니다.

그것을 자기의 것으로 소유하십시오. 그러면 그것이 당신을 소유하게 될 것입니다.

한 가지 이야기가 있습니다. 다른 지역에서 온 한 명이 어린이들 앞에 서 있었습니다. 그는 자기의 반지와 단추구멍에 있는 꽃 한송이와 창에서 날아간 새 한 마리를 손가락으로 가리키면서, 이렇게 물었습니다.

"이러한 것들은 제각기 어느 나라에 속하여 있습니까?"

아이들은 올바른 답을 해 주었습니다.

즉 광물의 나라, 식물의 나라, 동물의 나라입니다.

그러자 그는 재빨리 뒤돌아보고, 가장 중요한 질문을 했습니다.

"여러분들은 어느 나라에 속하여 있습니까?"

이것이야말로 오늘 내가 여러분에게 드리고 싶은 질문입니다.

여러분은, 자신이 오래 전부터 그리스도인이라고 말할지 모르겠습니다. 혹은 자신은 최근에 그리스도를 구주로서 영접했다고 말할지도 모르겠습니다.

또 한편으로 자기는 그리스도를 믿었던 적이 한번도 없다고 말할지도 모릅니다. 그렇지만 나는 여러분에게 질문드리지 않을 수가 없습니다. 당신은 어느 나라에 속해 있습니까? 당신은 지금도 여전히 그 동물의 나라에 속해 있습니까? 그렇지 않으면, 더 높은 수준에까지 올라가 있습니까? 당신은 로마서 8장에 기록되어 있는 그리스도의 왕국에 그분과 함께 들어간 사람들 가운데 있습니까? 그리고 만일 당신의 대답이 "예"이라면, 당신이 축복받는 것이 하나님의 계획입니다. 왜냐하면 하나님은 독생자 예수님을 이 세상에 보내주시고, 자기 백성들을 위해 축복을 부어주셨기 때문입니다.

여러분도 아시다시피, 당신이 예수 그리스도를 당신의 구주로서 영접하고 그리스도인이 된 이상 당신은 귀중한 존재이며, 하나님은 당신에게 인생에서 한 가지 목적을 주시고 계십니다.

"너희는 세상의 소금이니 소금이 만일 그 맛을 잃으면 무엇으로 짜게 하리요 후에는 아무 쓸 데 없어 다만 밖에 버려져 사람에게 밟힐 뿐이니라 너희는 세상의 빛이라 산 위에

있는 동네가 숨겨지지 못할 것이요 사람이 등불을 켜서 말 아래에 두지 아니하고 등경 위에 두나니 이러므로 집 안 모든 사람에게 비치느니라"(마 5:13-15)

여러분이나 내가, 혹은 하나님의 자녀인 누군가가 가난하고 곤궁하거나, 영적인 의미에서나, 물질적 의미에서 거지가 되는 것은 결코 하나님의 계획이 아닙니다. 우리가 하나님 나라에 속해 있다면 우리는 진실로 그리스도 예수와 공동 상속자입니다. 그리고 우리는 그것과 닮은 자가 되고 그것과 같은 말을 하고 그리고 그것과 같은 삶을 살게 될 것입니다. 기억해 주십시오. 우리는 전 세계 앞에서 하나님을 대표하고 있습니다. 우리에게는 한 가지 목적이 있습니다. 우리는 세상의 빛이라고 예수님은 말씀하셨습니다. 만일 우리 자신이 그 방법을 알지 못한다면 어떻게 다른 사람의 빛이 될 수 있겠습니까? 우리 자신이 지혜도 용기도 없고, 자기 자신의 문제와 곤란에 승리할 수 없다고 한다면, 다른 사람의 문제를 해결하는 도움이 될 수 없습니다.

물질적인 의미에서 거지가 다른 사람을 도울 수 없는 것은 당연합니다. 그러므로 만일 우리가 영적인 거지라면 우리는 어떻게 다른 사람의 영적 문제를 도와 줄 수 있겠습니까?

하나님은 일관성이 있으신 분이시며 성경의 가르침도 역시 일관성이 있습니다. 또 그리스도인들도 말하는 것, 생각하는 것, 그리고 생활에서 일관성이 있어야 합니다.

오늘날 설교의 대부분은 사람들의 기분을 맞추는 것 같은 설교이며, 우리가 듣고 싶어하는 것을 전하는 설교입니다. 하나님은 강단에 서는 자기 종들에게 사람들이 듣고 싶어 하는 것을 말하도록 계획하신 적은 없다고 나는 믿습니다.

강단에 서는 사람들에게는 하나님과 자신의 부르심에 대한 의무가 있습니다. 즉 사람들이 들어야 할 필요가 있는 것을 말하는 것입니다. 사람들을 성장시키는 말을 해야 합니다. 가끔 그런 말들이 사람들의 마음을 상하게 할 수 있지만, 하나님 말씀이라는 쓴 맛의 약 없이는 결코 영적 치유를 받을 수 없는 것입니다.

이와 같이 예수님은 그 산기슭에서 자기에게 귀를 기울이는 사람들에 대해서, 또 오늘날 우리에 대해서, 우리는 그리스도인으로서 한 가지 목적을 수행해야 한다고 매우 분명히 생각나게 하고 계십니다. 왜냐하면 우리들이 바로 세상의 소금이며, 세상의 참된 빛이기 때문입니다.

제 1 장
심령이 가난한 사람

"**심령이 가난한 자는 복이 있나니 천국이 그들의 것임이요**"(마 5:3)

이 가르침을 시작하면서 예수님께서 산기슭에 앉아 계시는 모습을 마음속으로 그려 보십시다. 예수님은 따라온 제자들과 군중들에게 둘러싸여 있습니다. 여러분이 성지를 여행한 적이 있으시다면 그 군중들이 모여 있었던 장소를 걸었던 적이 있을지도 모릅니다. 내가 이스라엘 각 지역을 여행했을 때, 나는 예수님이 서 계셨던 장소에 서 있는 것일까 하고 생각했던 적이 있습니다. 나는 같은 산에 올라갔을지도 모릅니다. 아마도 나는 예수님이 앉으셔서 "**심령이 가난한 자는 복이 있나니**"라고 말씀하셨던 장소를 보았을 것입니다.

여러분은 예수님께 귀를 기울이고 있던 사람들을 정말 이해할 수 있었던 것일까 하고 생각해 본 적은 없습니까? 또 만일 여러분은 내가 그 장소에 있었다고 한다면 예수님이 하신 말씀의 진정한 깊은 의미를 이해할 수 있었을까 하고 의문스럽게 생각했던 적은 없습니까?

이 물질 세계 안에서 생각하고 생활하는 우리에게 "가난하다"는 말이 예수님의 입에서 나왔던 순간, 그 군중들은 그 "가난한" 것이란 돈이 부족한 것으로 즉시 생각했을 것입니다. 그렇지만 돈을 가지고 있는 것만으로는 사람은 부유하게 될 수 없습니다. 사람의 부요(wealth)는 언제나 물질적 이익 또는 축적으로 측정되는 것은 아닙니다. "부(rich)"라는 말은 단순한 물질적 소유와는 전혀 다른 의미를 가지는 경우가 있습니다. 사람은 물질적인 부(wealth)를 거의 가지지 않아도 하나님의 것들에서 부요케 될 수 있으며, 지성(mind)에서 부요케 될 수도 있습니다. 또한 마음(heart)에서 부요케 될 수 있으며, 영(Spirit) 안에서 부요케 될 수도 있는 것입니다.

예수님이 **"심령이 가난한 자는 복이 있나니"**라고 말씀하셨을 때, 그곳에 모여 있던 사람들 가운데는 금방 흥미를 잃어버린 사람들도 틀림없이 있었을 것입니다. 그렇지만 여러분은 이 "가난하다(poor)"는 말이 여기에서 어떤 의미를 가지고 있는지 알기 원합니까? 하나님의 것들에서 진실로 부요케 되기 위해서는, 사람은 가난해 - 하나님 앞에서 자기는 아무것도 아니라고 하는 깊은 의미에서 - 져야 합니다. 확실히 그것은 매우 어려운 장애물이며, 어느 누구에게도 가장 어려운 것 중 하나입니다. 우리는 자신의 능력만으로 충분하다고 생각하는 세대에 살아가고 있습니다. 그것은 주 예수 그리스도의 가르침에 완전히 반대되는 것입니다. 예수님께서 이 설교 가운데서 말씀하신 것 자체가, 당시 사람들의 신학에 반대되는 것이며 현대의 신학에도 반대되는 것이었습니다. 그것은 당시 사람들의 생각에도, 오늘날 사람들의 생각에도 반대되는 가르침입니다. 인간이 만든 교리, 인간이 만든 신학, 인간이 만든 삶의 규범은 어떤 의미에서 자기의 능력만으로 충분하다고 하는 신조입니다.

그러므로 사람이 전능하신 하나님의 임재 앞으로 나아와서, 자신은 완전히 아무것도 아님을 진정으로 느끼고 주님께서 내밀어 주시는 손길 앞에 자신을 양도해 드리기는 매우 어려운 것입니다.

어떠한 영적인 행복을 얻는다 할지라도, 그 토대는 하나님 앞에서 자신은 아무것도 아님을 인식하고, 자신의 결핍을 인식하는 것입니다. 영적인 행복의 토대는 정확히 그렇습니다!

심령의 가난함이라고 하는 이 산상 수훈의 첫 메시지 가운데서 예수님은 우리에게 하나님이 필요하다는 사실을 깨달아야 한다는 것을 말씀하시고 있습니다. 우리가 그곳에 도달할 때(분명히 말씀드리지만 그것은 쉽지 않습니다), 우리는 진정한 부요의 토대를 놓게 된 것입니다. 여러분도 나도 자신은 완전히 아무것도 아님을 인식하지 못하고 있는 동안은, 결코 하늘나라를 상속하는 것은 있을 수 없습니다.

진정한 부요는 하나님으로부터 옵니다. 진정한 축복은 모든 선하고 완전한 은사를 주시는 분으로부터 오는 것입니다.

진정한 부요는 돈으로 가져올 수 없습니다. 왜냐하면 우리는 어떤 작은 축복 가운데 하나도, 하나님에게서 돈으로 살 수 없기 때문입니다.

당신이 진정으로 부요케 되고자 한다면, 하나님 앞에 자신은 아무것도 아닌 자임을 깊이 인식하게끔 되어야만 합니다.

사랑하는 여러분, 그것이 바로 예수님이 "심령이 가난한 자는 복이 있다"고 말씀하셨을 때의 진정한 의미입니다.

우리 스스로가 하나님이 필요하다고 인식하는 것이야말로 부요함을 가져오는 가난함인 것입니다. 그리고 여러분이 자기 자신을 직시하고, 하나님을 직시하고 자신은 하나님이 필요함을 깨닫고, 자신이 아무것도 아닌 것을 알게 될 때, 그때 비로소 여러분은 부요에 이르는 걸음을 시작하게 되는 것입니다. 그렇지만 예수님은 거기서 멈추지 않으셨습니다. 그분은 계속해서 이렇게 말씀하셨습니다.

"천국이 그들의 것임이요"

그분은 우리가 지금 하늘나라(the Kingdom of Heaven)를 소유하고 있다고 말씀하시는 것입니다! 우리는 하늘나라의 일원이 되기 위해 죽을 때까지 기다릴 필요가 없습니다. 때때로, 우리는 그런 잘못된 생각을 가질 때가 있습니다.

우리는 너무나 멀리만 바라보고, 죽은 후에 하나님 나라의 영광을 구하는 경우도 있습니다. 그렇지만, 하나님의 계획은 그렇지 않습니다. 여러분도, 나도 지금 부요케 될 수 있습니다!

우리는 지금, 하늘 나라를 상속하여 그 일원이 될 수 있습니다! 그것을 제한해 버리는 것은 예수님이 우리에게 약속하여 주신 것을 스스로 받아들이지 않을 때 뿐입니다.

성경 다른 부분을 펴보겠습니다. 우리 모두가 잘 알고 있는 말씀입니다.

"어린 아이들이 내게 오는 것을 용납하고 금하지 말라 하나님의 나라가 이런 자의 것이니라"(막 10:14)

하나님의 나라가 심령이 가난한 사람들의 것임과 완전히 동일하게, 하나님의 나라는 어린 아이들의 것이며, 하나님 나라의 여러 가지 권리는 어린 아이들의 것입니다. 아시다시피, 심령이 가난한 사람, 하나님 앞에서 자신이 완전히 아무것도 아닌 것임을 잘 알고 있는 사람들은 어린 아이에 비교될 수 있습니다. 그들은 단순하고 가장하는 것이 없으며, 가르침을 받아들이는 마음을 소유하고 있습니다. 우리가 어린 아이와 같은 마음을 가질 때, 우리는 자신이 아무것도 아님을 깨달을 수 있으며, 자신에게 있는 것은 모두 하나님으로부터 온 것임을 알게 됩니다. 그때 비로소 우리는 하나님의 나라를 상속받을 수 있습니다. 심령이 가난한 사람들과 어린 아이의 마음을 가진 사람들, 이 두 종류의 사람들은 하나님의 눈에는 완전히 동일합니다. 그리고 참으로 여기에서야말로 우주의 창고를 열 수 있는 열쇠가 있는 것입니다. 그 창고 안에 있는 모든 부는 우리의 것입니다.

"하나님의 뜻에 전적으로 복종한다"고 하는 그리스도인의 사고방식을 또 다른 것으로 예를 들 수 있습니다. 그것은 매우 흥미깊은 것입니다. 그것은 과학이 분명히 가르치고 있는 것으로 생각됩니다. 제가 말하고자 하는 것을 설명해 드리겠습니다. 과학은 이렇게 말합니다.

"여러 가지 사실(fact)들 앞에 어린 아이처럼 앉으십시오. 어떤 선입관도 포기할 각오를 하십시오. 자연이 당신을 어떤 결과로 이끌어 간다고 해도 그것에 순종하십시오. 그렇지 않으면 당신은 아무것도 알지 못할 것입니다."

과학자는 어떻게 자연계를 규명하는 것일까요? 단지 한 가지 방법밖에 없습니다. 자연에 굴복(surrender)함으로서입니다. 만일 과학자가 교만하고 가르침을 받아들이지 않는 사람이라면, 그는 아무것도 배우는 것이 없을 것이며, 아무것도 규명하는 것이 없을 것입니다. 위대한 과학자는 모두 겸손한 사람들입니다. 나는 그들의 말을 들은 적이 있지만, 그들의 겸손함에 놀라고, 조금도 아는체 하거나 거만함이 없는 것에 경외감을 가지게 되었습니다. 진실로 위대한 과학자들은 어느 누구도 겸손한 사람임을 나는 진심으로 믿고 있습니다. 바꾸어 말하면 그들은 무릎을 꿇고서 전진합니다. 그리고 그는 똑바로 서서 자연을 규명하고 자연계의 어떤 힘도 마음껏 쓸 수 있게 됩니다.

하나님의 말씀은 **"온유한 자는 땅을 기업으로 받을 것"**이라고 말씀합니다. 그와 같이, 당신도 하늘 나라에 굴복할 때, 하늘 나라의 능력들을 상속받게 되는 것입니다.

심령이 가난한 사람들에 대한 이 가르침을 좀 더 깊이 나아가면 "자신은 이미 가난한 신분이기 때문에, 여기에서 배워야 할 것은 아무것도 없다"고 생각해 버리는 사람들도 있을 것입니다.

그러나 내가 말씀드리는 것은 누군가의 은행구좌에 관한 것같은 의미의 가난함에 대해서가 아닙니다. 자기의 가난함을 자랑하는 사람들을 나는 알고 있습니다. 그들은 그것을 자랑스럽게 여깁니다. 마치 자기가 병들어 있는 것을 매우 기뻐하며, 건강하게 되는 것은 안중에도 없는 듯한 사람들 같습니다.

그들은 자기가 병들어 있는 것을 화제로 하고, 사람들로부터 동정받는 것을 즐거움으로 삼음으로, 나는 때때로 "그들은 진짜로 형편이 매우 나쁜 것일까"하고 생각하는 경우조차 있을 정도입니다. 그렇지만 아시다시피 그들은 그렇게 하여 사람들의 주목을 받게 되고, 자신이 완전히 나아버리면, 마음의 의지를 잃어버리게 됩니다. 나는 지금 그런 종류의 가난함에 대해 말하고 있는 것은 결코 아닙니다. 내가 말하는 것은 심령(spirit)의 가난함이며, 인간이 알 수 있는 가장 위대한 부요를 가져올 수 있는 가난함입니다.

구약성경 민수기 13장을 보겠습니다. 약속의 땅을 정찰하기 위해 열 두 사람이 파견되었습니다. 그 가운데 열 사람은 돌아와서 낙심시키는 보고를 했는데, 그들은 이렇게 말했습니다.

"거기서 … 거인들을 보았나니 우리는 스스로 보기에도 메뚜기 같으니 그들이 보기에도 그와 같았을 것이니라"

(민 13:33)

그렇지만, 두 사람은 하나님의 안목으로, 승리를 보았습니다. 그들은 이렇게 말했기 때문입니다.

"우리가 곧 올라가서 그 땅을 취하자 능히 이기리라"

(민 13:30)

마태복음 25장 14-30절에 달란트를 받은 종들의 이야기가 기록되어 있습니다.

한 달란트를 받은 사람은 가난한 사람이었습니다. 그 이유를 아시겠습니까? 그는 자기가 받은 달란트를 땅 속에 묻었기 때문입니다. 자기의 것인 달란트를 사용할 용기가 결여되어 있는 사람들이 많이 있습니다. 실제로 그들은 가난합니다.

한편으로, 다른 극단적인 것이 있습니다. 자기 확신(self confidence)이 너무나도 강한 것입니다. 그것도 또한 가난함의 한 가지 형태입니다. 베드로가 **"모두 주를 버릴지라도 나는 결코 버리지 않겠나이다"**(마 26:33)라고 말했을 때, 그는 그런 종류의 가난함의 전형(典型)이었다고 나는 믿습니다.

베드로의 인생에서 이때, 그는 교만했으며, 심령이 가난한 자가 되는 것을 아직 배우지 않았던 것입니다.

누가복음 18장 10-14절에 기도하러 성전으로 간 두 사람의 이야기가 기록되어 있습니다. 한 사람은 이렇게 말했습니다.

"이 세리와 같이 아니함을 감사하나이다"

그는 자신에게 매우 만족하고 있었습니다.

하나님은 그의 기도를 한 마디도 들으시지 않으셨다고 나는 믿습니다. 나는 그 사람이 사람들이 그는 틀림없이 거기서 기도하고 있을 거라고 생각하는 장소에 서 있는 것을 생각해 볼 수 있습니다. 사람들은 그를 매우 영적인 사람으로 간주하고 "아, 참으로 훌륭한 사람이로구나! 보십시오. 저 사람이 얼마나 신실한지!"라고 생각했을지도 모르겠습니다. 그렇지만 "이 세리와 같이 아니함을 감사하나이다"하고 말했을 때, 그는 마음과 머릿속에 있었던 것이 분명해집니다.

아시는 바와 같이, 자기 만족에 빠져버린 사람만이 다른 사람을 비판하는 것입니다. 이런 경우, 이 사람의 영적인 안목은 왜곡되어져 있습니다. 왜냐하면 그는 자기 이웃 사람의 결점과 자신의 장점 밖에 보이지 않았기 때문입니다.

영적인 시야가 분명하지 못하므로, 영적 안경을 교환

해야 할 사람들은 우리 가운데도 있습니다. 하나님이나, 다른 사람들이 우리를 보는 것처럼, 그렇게 우리는 자기 자신을 보아야 할 필요가 있습니다.

그렇지만 여기에서 그 세리에 주목해 봅시다.

"가슴을 치며 이르되 하나님이여 불쌍히 여기소서 나는 죄인이로소이다"(눅 18:13)

그는 자기 이웃 사람에게 눈을 향하지 않고 자기 자신의 죄를 보았습니다. 그 사람은 물질적으로 풍부한 부를 소유하고 있었을지도 모릅니다. 그는 위대한 정복자들이 가지고 있는 용기를 가졌을지도 모릅니다. 그렇지만 그는 하나님 밖에는 주실 수 없는 것을 자기는 가지고 있지 않다는 사실을 깨달고 있었습니다.

이와 같이, 하나님의 나라에 들어가기 위한 열쇠가 되는 가난함이란 어떤 것을 가지고 있어도 하나님 없이는 모든 것이 아무것도 아님을 깨닫는 것입니다.

이 세상에서 부(rich)라고 여겨지는 어떤 것을 가지고 있을지라도 그러한 것들은 하나님 없이는 아무것도 아니라는 사실을 여러분이 깨닫게 된다면, 그때 여러분은 심령이 가난한 사람들, 예수 그리스도를 통하여 모든 것을 소유하는 사람들 가운데 한 사람이 되는 비결은 배운 것이 됩니다.

우리가 예수 그리스도와 함께 공동 상속인이 될 때, 즉시 우리는 하나님 나라를 소유하게 됩니다. 기억해 주십시오. 여기서 말하는 하나님 나라는 어떤 장소가 아닙니다. 그것은 경험이 아닙니다. 그것은 지리적으로 범위를 정할 수 있는 것이 아닙니다. 그것은 우리가 그것을 받아들일 수 있는 우리의 능력에 의해서만이 범위가 정해지는 것입니다. 그것은 거룩(sanctification)에 비유될 수 있습니다.

우리는 거룩을 구하는 것이 아니고, 예수님을 추구합니다. 그리고 우리가 예수님을 영접하고 모든 것을 그분께 양도해 드릴 때, 우리는 거룩해지는 것입니다. 우리는 하늘나라를 추구하지 않습니다. 그렇지만 그것은 우리가 그것을 받아들이는 우리의 능력에 의해 범위가 정해집니다.

우리가 다양한 조건을 충족시키고 완전한 양도라는 대가를 치르면, 우리는 우리가 하늘나라에 들어갔음을 알게 될 것입니다. 하늘 나라를 소유함으로 우리는 모든 것을 소유하는 것입니다.

여러분께 간청합니다. 여러분의 눈이 계속 예수님께로 향하게 하십시오. 예수님께 눈을 고정하고 있으면, 여러분의 감정이 동요하는 일은 없습니다. 한 순간 부유하다가, 그 다음엔 가난으로 짜부라드는 그런 식으로 되지 않습니다.

청구서가 올 때도, 오지 않을 때도 하나님은 동일하십니다. 모세가 죽은 후, 하나님이 여호수아와 이스라엘의 모든 백성들에게 하셨던 말씀에 귀를 기울여 주십시오!

"강하고 담대하라 두려워하지 말며 놀라지 말라 네가 어디로 가든지 네 하나님 여호와가 너와 함께 하느니라"

(수 1:9)

이스라엘 백성의 광야 여정은 지금 여기에 있는 우리의 모형입니다. 그들은 모세를 신뢰하고 있었습니다. 그 후에 그는 죽었으며, 사람들을 두려워 했습니다. 모세는 그들의 지도자이며, 그들의 시주(crutch)였습니다. 그리고, 그들의 힘이었으며, 그들의 용기였습니다. 그러나 모든 것은 하나님의 다스리심 아래 있었습니다!

여호수아가 가진 용기의 비결을 알고 싶습니까?

그는 하나님의 나라(the Kingdom of God)에 속해 있었습니다. 여호수아는 올바른 시야(視野)를 가지고 있었으며, 올바른 방향을 보고 있었습니다. 그가 영적인 거인이었던 이유는 자기가 누구에게 신뢰를 두어 왔는지를 알고 있었기 때문입니다. 이렇게 하여 그는 "마음을 강하게 하고 담대하라!"고 하는 하나님의 말씀에 주의

할 수 있었습니다. 그는 어느 때는 풍부하고, 다음 순간엔 가난으로 침체해 버린 사람이 아니었습니다. 그는 어떤 환경에서도 부요했습니다. 만일 여호수아 자신이 용기를 가지고 있지 않았다면, 바꿔 말해, 그의 안에 영적으로 강하지 않았다면, 이스라엘 백성들의 마음에 신뢰와 확신을 스며들게 할 수 없었을 것입니다.

여호수아는 오늘날 하늘나라(the Kingdom of Heaven)에 속한 것이 어떤 의미인지를 나타내는 완벽한 예입니다.

하나님의 권능을 소유함으로 우리는 열의를 가지고 삶을 직시할 수가 있습니다. 그것은 우리에게 내적인 깊은 평안을 주십니다. 왜냐하면 우리는 내일 일을 두려워하지 않기 때문입니다.

또한 우리의 환경이 어떠할지라도 변하지 않는 내적인 기쁨이 있는 생활이 됩니다. 왜냐하면 하나님이 우리 안에 계시며 하나님은 사랑이시기 때문입니다. 그 결과 우리에게서 다른 사람들에게로 사랑이 흘러가고, 그것은 어떤 편견도, 어떤 질투도, 그리고 어떤 증오도 일소해 버립니다. 그것은 속하는 것입니다! 우선 맨 먼저 우리는 예수님께 속해 있습니다. 그것은 이 세상에서 최고의 기쁨입니다. 내게 진정으로 기쁨과 행복을 주는 것이 무엇인지 여러분은 알고 싶습니까? 그것은 어떤 외적인 것이 아닙니다.

나는 내가 외적인 것에 더 열심이라면 좋으련만… 내가 어린 시절 느꼈던 정서를 되돌이킬 수 있다면 좋으련만… 하고 생각할 때가 있습니다. 그렇지만 나의 진정한 행복과 나의 참된 기쁨은 내 안에서 나오며, 내가 하나님께 속해 있으며 하나님이 나의 하늘 아버지시며, 내가 그분의 나라의 일원임을 아는 것에서 오는 것입니다. 나는 그 영광스러움을 날마다 인식합니다. 그것으로 인해, 나의 내면에 깊은 평안이 주어지며, 내일의 어떤 두려움도 다 제거됩니다. 나는 하나님의 상속인인 그리스도 예수와 공동 상속인인데, 내일 어떻게 될까 하는 것을 왜 두려워해야 합니까?

나는 그분의 나라 일원이며, 이러한 축복들의 빛 가운데 있다면, 다른 어떤 것도 공허하며, 희미해져 버리며, 하나님의 영광에는 이르지 못합니다. 그러므로, 나는 눈을 들고 내가 심령이 가난한 자가 된 것을 하나님께 감사드립니다. 그리고 이번에는 하나님이 나에게 내가 하늘 나라의 일원이 되어 있다는 기쁨과 확신을 날마다 주시는 것입니다.

제 2 장
애통하는 사람

"애통하는 자는 복이 있나니 그들이 위로를 받을 것임이요"(마 5:4)

우리 주님은 이렇게 말씀하셨습니다.

"애통하는 자는 복이 있나니"

주님은 비관주의자에 관해 언급하시는 것이 아니고, 무엇보다도 가장 먼저 자기의 야심을 생각하는 이기적인 사람에 관해 언급하신 것도 아닙니다. 또 뭔가를 잃어버리고서 고통스런 마음이 되어 있는 사람을 생각하고 계셨던 것도 아닙니다.

수도꼭지를 틀어서 물을 흘러내리듯이 매우 쉽게 눈물을 흘릴 수 있는 남자와 여자들이 있습니다. 그렇지만, 과거에 내가 배운 것은 눈물에도 여러 가지 종류가 있다고 하는 것이었습니다.

질투 때문에 흘리는 눈물이 있습니다. 질투하는 사람이 최초로 사용하는 무기는 눈물을 흘리는 것이라는 사실은 틀림없이 여러분도 아시리라 생각합니다. 그러한 상황에서 나는 내 자신을 살펴보아야 할 때가 있습니다. 왜냐하면, 우는 것이 속임수에 지나지 않고, 자기가 하고 싶은 것을 얻기 위한 무기로 삼는 경우가 있음을 내가 알고, 먼저 그것을 생각하기 때문입니다.

또 자기 연민(self-pity)의 눈물이 있습니다. 그들은 스스로를 가엾게 느끼면서 인생을 살아온 사람들이며, 어느 누구로부터도 동정을 받으려고 열심히 노력해온 사람들입니다.

그렇습니다. "눈물만큼 의미가 없는 것은 없다"는 사실과 "눈물만큼 의미가 있는 것은 없다"는 사실을 나는 지금까지 줄곧 보아왔습니다.

나는 삶의 다양한 고통으로 상처받은 사람들과 직면했던 적이 있습니다. 그들은 오래 전에 지난 것으로 인해 마음을 굳게 닫고 있었습니다. 그들이 나와 함께 무릎을 꿇고, 함께 기도했던 적이 있습니다.

그래도 나는 그들의 마음과 혼에는 도달하지 못함을 알았습니다. 그리고 내가 거의 포기하려고 했을 때, 돌연히 나는 한 줄기의 눈물, 혹은 눈에 빛나는 어떤 것을 보았습니다. 그 순간 나는 마음을 부드럽게 하는 과정이 시작되고 있었으며, 성령께서 견고한 껍질을 관통하여 심령 안에 도달되고 있음을 알았습니다.

만일 당신이 영적인 것에 대해 어떤 감수성도 없다면 (어쩌면 당신은 그것을 자랑거리로 조차 생각하고 있을지도 모릅니다) 만일 당신이 성경을 읽어도 어떤 감동도 받지 않는다고 정직히 말할 수 있다면, 만일 당신이 하나님의 것들에 대해서는 어떤 양심도 갖고 있지 않다는 것을 인정한다면, 나는 당신이 지금 곧 자신의 혼을 점검해 보도록 기도드립니다.

오늘날 하나님의 축복을 구하고 있으면서 하나님의 말씀으로 훈련되고 순수해지기를 구하지 않는 사람들이 너무나도 많이 있습니다. 듣고 싶어하는 내용의 설교를 구하고, 그것을 받아들이는 사람은 많이 있습니다. 그러나 기억해 주십시오. 그리스도께서 오신 것은 인간 안에 새 마음(new heart)을 창조하기 위해서였으며, 그들의 모든 문제를 처리하시기 위해서만이 아니었습니다.

그렇습니다. 하나님을 믿음으로 많은 사람들이 바라는 감정은 좋은 감정 또는 안전감입니다. 사람들이 설교자를 찾고 구하는 것은 자기의 등을 두드려주기 원해서입니다. 결국 자기는 그렇게 나쁜 사람은 아니다라는 말을 듣고 싶어하기 때문입니다. 그렇지만 그리스도께서 오셨던 것은 우리로 하여금 지금의 생활로 만족하도록 하기 위해서가 아니었습니다. 예수님이 자기에게 귀를 기울이는 사람들에게 확실히 지적하는 것이 없이 설교하신 적은 결코 없으셨습니다. 그분은 죄를 죄라고 불렀습니다.

이것과 관련하여 말씀드리고 싶은 성경구절이 또 하나 있습니다. 마가복음을 펴보겠습니다. 야곱과 요한이 특별한 부탁을 가지고 예수님께로 왔다고 기록되어 있습니다. 나는 '이 두형제는 예수님이 "산상수훈"이라고 불리우는 위대한 설교를 하셨을 때, 그 산기슭에 앉아 있던 군중들 가운데 있었던 것일까' 하고 생각한 적이 있습니다.

만일 이 세베대의 아들들이 그곳에 있었다면, 오늘날 우리들 중 많은 사람들과 같이, 예수님께서 말씀하신 요점을 완전히 놓쳐버린 것이라고 나는 느낍니다.

"세베대의 아들 야고보와 요한이 주께 나아와 여짜오되 선생님이여 무엇이든지 우리가 구하는 바를 우리에게 하여 주시기를 원하옵나이다"(막 10:35)

그들은 예수님께 부탁드리고 싶은 것이 있었던 것입니다. 예수님은 이렇게 말씀하셨습니다.

"너희에게 무엇을 하여 주기를 원하느냐?"(막 10:36)

그들의 요구는 이러했습니다.

"주의 영광중에서 우리를 하나는 주의 우편에, 하나는 좌편에 앉게 하여 주옵소서"(막 10:37)

그들은 예수님의 양 옆에 앉고 싶었던 것입니다. 그렇지만 예수님은 친히 줄 수 있는 자리는 아무것도 없다고 대답하셨습니다. 자리를 주는 것은 예수님의 권한 안에 있는 것이 아니었습니다. 예수님을 따라가면, 자리가 보장되는 것도 아니었던 것입니다.

받게 되는 것은 오히려 잔이었습니다. 자리가 아니라 그 대신에 십자가였던 것입니다.

단지 방관만 하고 있을 뿐인 사람을 건전한 그리스도인도 승리하는 그리스도인도 결코 아니라는 사실을 나는 지금까지 봐왔습니다. 그리스도는 구세주라고 스스로는 말하면서 영화나 텔레비젼 화면을 보는 것처럼 자기의 기독교 신앙을 수동적으로 밖에 사용하지 않는 사람들이 너무나도 많이 있습니다. 그들은 간접적으로 자기에게 오는 스릴과 감동밖에 맛보지 않습니다. 그들이 바라는 것은 무엇 한 가지도 행하지 않고, 무엇 한 가지 대가도 지불하지 않고, 가만히 앉아서 받는 것입니다.

그러나 여러분도 나도 어딘가 자리에 앉아 있는 것만으로는 진정한 기독교 신앙을 이해할 수도 깨달을 수도 없습니다.

주님께서 내미시는 것은 자리가 아니라 그 대신 잔(cup)입니다. 그리고 그 잔은 슬픔과 고난과 쓴물로 가득차 있는 경우도 있습니다. 분명히 우리는 모두 하나님의 은혜를 구합니다. 우리는 하늘의 영광들을 경험하기를 간절히 소망하며, 천국의 최선을 열망하며, 하나님께서 우리를 위하여 준비해 주신 모든 것들을 열망합니다. 그러나 하나님의 정결케 하심의 고통없이 받으려고만 합니다.

이렇게 생각하는 사람이 많이 있습니다.

"나는 손도 발도 움직일 수 없는 환경에 놓여 있습니다. 내가 어떻게 풍요로운 삶을 살 수 있겠습니까? 내가 어떻게 승리할 수 있겠습니까? 아무도 내가 처한 환경을 이해하지 못합니다. 성령의 권능으로 싸움에 승리하여 위로를 발견한다는 것에서 확실히 나는 예외입니다"

나는 대답으로서, 예레미야 31장 2절 말씀을 제시해 드립니다. 이 말씀은 이스라엘 백성이 애굽을 나와 약속의 땅으로 출발했을 때를 서술하고 있습니다.

"여호와께서 이같이 말씀하시니라 칼에서 벗어난 백성

이 광야에서 은혜를 입었나니"(렘 31:2)

이 사람들은 광야 생활 가운데 정결케 되고, 모든 백성이 방랑하는 무시무시한 경험을 통하여 하나님의 도구로 삼으셨습니다. 이 광야의 경험은 가혹하고, 경멸할 만한 것이었지만, 그들에게 있어서 승리로 통하는 문이 되었습니다.

하나님의 은혜는 우리가 광야의 경험을 하고 있을 때와 우리가 감방(dungeons) 같은 상황에 처해졌을 때, 발견되는 경우가 종종 있습니다. 당신이 겟세마네의 경험을 하고 있을 때, 당신이 고통 가운데 있을 때에, 하나님의 은혜를 발견할 수가 있는 것입니다. 당신을 가두고 있는 그 감옥으로부터 해방되는 것은 없을지도 모르지만, 그 감옥 안에 있는 동안도, 당신에게 승리를 주는 은혜를 얻을 수는 있습니다. 당신에게 있어서 겟세마네 고통의 때는 비극이 될 필요는 없습니다. 하나님을 통하여 그것을 당신의 인생에서 최고의 경험으로 될 수도 있습니다. 그러므로 당신이 고난 가운데 있을 때, 단지 발버둥만 치지 말고, 당신의 환경을 도전으로서 받아들이십시오. 당신의 시련을 하나님이 당신 안에, 또 당신을 통하여 역사하시고 당신을 창조적인 사람을 만들기 위한 기회라고 생각하십시오.

우리는 건강하고 튼튼한 신체를 유지하는 것이 중요

하다고 생각하고 있습니다. 또 건전한 지성을 가지는 것도 지극히 중요합니다. 그러나 신체나 지성의 건강보다도 훨씬 더 중요한 것이 있습니다. 그것은 혼과 영이 건강한 삶입니다.

우리의 혼이 영적 치유를 받으면(spiritural healing of the soul) 여러 가지 욕구불만은 없어지게 됩니다. 그리고 그 자리에서, 우리는 다른 사람들을 위한 유익한 존재가 되고 싶은 소원과 흘러나오는 사랑을 발견합니다.

매일 매일이 도전이 됩니다. 우리는 자발적으로 주는 자가 되고 보상으로 아무것도 요구하지 않게 됩니다. 자아는 잊혀져 버립니다.

역사상 가장 위대한 영적인 거인들 가운데 사도 바울이 있습니다. 그의 생활의 특성을 곰곰이 연구해 보지 않으면 우리는 그의 영적인 강건함을 이해할 수 없습니다.

그가 옥중에서 기록한 서신으로부터 위대한 힘과 깊이 있는 인물임을 보게 됩니다. 그는 투옥되어 있었지만, 자기 연민의 암시조차도 없었습니다.

그는 옥중에서 자기 자신에 관한 생각없이 편지를 써 보냈습니다. 왜냐하면 그는 위대한 위로자(Comforter) 안에서 놀라운 권능을 발견하였기 때문입니다. 그가 발견한 은혜는 그의 모든 필요에도 충분한 것이었으며, 다른 사람들에게 나누어 주기에도 충분한 은혜였습니다.

내가 지금까지 몇번이나 반복하여 말해왔던 것이지만, 여기서 다시 한 번 말씀드리도록 하겠습니다.

"당신은 스스로 직접 경험한 것 이상의 것을 다른 사람에게 결코 줄 수 없습니다"

우리는 진실하게 살기 위해서는 경험해야만 합니다.

우리가 성숙한 사람이 되기 위해서는 깊은 물(deep waters)을 통과해야 합니다. 우리가 하나 하나 장애물을 승리해 갈 때, 비로소 우리는 그리스도인으로서 성숙해 가는 것입니다.

그리고 마침내는 어떤 위기적 상황도 하나의 도전이 되고, 하나의 모험이 되며, 하나님의 여러 가지 약속을 확인하는 기회가 되는 것입니다.

하나님의 약속이 실제(reality)임을 알고 싶습니까? 자리에 앉아 있는 것만으로는 결코 이 기쁨을 경험할 수 없습니다.

당신이 관객석에서 보고 있는 것만으로는 하나님의 신실하심(faithfulness)을 결코 경험하지 못합니다. 당신이 앞으로 나아갈 수도 없고, 뒤로 물러날 길도 없는 당신 자신의 "홍해" 가장자리에 직접 설 때만이 비로소 당신은 하나님의 변함없는 말씀의 확실함을 발견하게 되는 것입니다. 당신은 패배한 채로 가라앉기를 선택할 수도 있고, 하나님의 말씀으로 눈을 향하여 거짓없는 하나님의 약속에 생명을 걸고, 승리하는 것도 가능합니다.

당신은 참된 하나님의 사람 아래서 깊은 영적 가르침을 받고 그가 목회하는 교회의 일원이 되어 있을지도 모르겠습니다. 그러나 당신은 스스로가 하나님의 약속을 의지하여, 하나님 말씀의 확실함을 확인하기까지는 하나님의 살아있는 말씀이 실제임을 결코 알지 못할 것입니다.

또 당신이 당신 자신의 "홍해" 가장자리에 필사적으로 서서, 하나님이야말로 당신에게 최후의 소망이 되기까지는, 당신은 결코 하나님 말씀의 확실함을 확인할 수는 없을 것입니다. 그때 당신은 용감하게 하나님의 말씀을 신뢰하고 "주께서 이렇게 말씀하신다"고 하는 말씀 위에 건고하게 서게 되는 것입니다.

당신은 슬픔의 사람(the Man of Sorrows)의 온유함을 알기 원합니까? 그렇다면, 나의 친구여, 당신의 겟세마네로 가십시오. 캄캄한 밤, 하늘의 별들이 당신의 인생 위에서 빛을 발하는 것을 멈추어 버렸을 때, 위를 올려다보십시오. 그 순간 당신은 그분의 임재를 의식하게 될 것입니다. 그분은 당신이 알고 있는 어느 누구보다도 더 실제적인 분입니다. 당신은 예수님이라는 그 인격 안에서 부드러움을 느끼게 될 것입니다.

당신은 주님의 강하신 팔로 당신을 커다란 가슴에 품어주시는 것을 느끼게 될 것입니다.

"그들이 위로를 받을 것임이요"(마 5:4)

이 "위로받다"(comforted)는 말은 동정(sympathy)과는 다른 의미를 가지고 있습니다. 예수님 앞에서 당신은 동정이 아닌, 위로를 발견할 것입니다. 그분은 누구에게도 동정을 베풀지 않습니다. 그리고 예수님께서 교회에 주신 선물인 성령은 어느 누구에도 동정을 주시지 않습니다. 그렇지만 이 강력하신 위로자(Comforter)께서는 확실히 자신의 위로를 당신에게 주실 것입니다!

그분은 당신에게 능력을 주실 것입니다!

그분은 당신을 강하게 해 주실 것입니다!

그분은 당신에게 자신의 용기를 당신에게 나누어 주시며, 당신은 당신 자신의 능력으로는 불가능한 것을 하고 있는 자신을 발견하게 될 것입니다.

애통하는 자는 복이 있습니다. 겟세마네의 경험을 통과하는 사람은 복이 있습니다. 바로 그곳에서 그들은 성장하기 때문입니다. 여러분도 나도 마음과 생각(heart and mind)에 비통함이 들어가도록 허락해 버린다면, 결코 영적 거인이 되지 못하며, 결코 영적으로 성숙할 수도 없으며, 결코 "슬픔의 사람"의 부드러움(tenderness)

을 알 수 없게 됩니다. 우리가 고난 받으면 우리는 그분과 함께 다스리게도 될 것입니다. 영광의 면류관이 있습니다. 우리를 기다리는 보상이 있습니다. 그것은 그분의 이름을 위해 고난받고, 그 고난을 통하여, 승리하는 사람들을 기다리는 보상입니다. 그것은 우리 자신의 능력에 의해서가 아니고, 강력하신 위로자이신 성령님의 권능에 의한 승리입니다.

   그렇습니다. 우리는 하나님의 축복을 바라지만, 그분의 정결케 하시는(purging) 과정에 따르는 고통을 회피하려고 합니다.
   그러나 나의 친구여! 그 고통에 동반되는 정결케 하시는 역사없이 하늘에 있는 좋은 것들에 대한 놀라움은 결코 알 수 없습니다.
   그렇지만 그 고통과 정결케 하시는 사역과 함께, 삼위일체의 강력한 위로자이신 성령께서 권능을 주셔서 강하게 해 주시는 하나님의 약속이 우리에게 있습니다. 예수님은 이렇게 말씀하셨습니다.

   "나는 너희에게 자리를 줄 수 없단다. 내가 주는 것은 슬픔으로 가득찬 잔, 나의 잔이며, 그리고 십자가란다. 자기 십자가를 지고 나를 따라오지 않는 자는 누구라도 나의 제자가 될 수 없느니라"

제 3 장
온유한 자는 복이 있나니

자, 산상수훈에서 세 번째 것을 보도록 합시다.

"온유한 자는 복이 있나니 그들이 땅을 기업으로 받을 것임이요"(마 5:5)

온유해지려고 간절히 원하는 사람이 그다지 없다는 사실을 나는 인정하지 않을 수 없습니다. 자기 자신에게 정직해 보십시오. 당신이 자신을 똑바로 바라보고 있다면, 당신도 이렇게 말할 수밖에 없을 것입니다. "나는 온유해지고 싶지 않습니다!" 우리는 어린 양과 같은 온유함(meekness)을 가질려고 구하지 않고, 오히려 강한 호랑이의 성질을 좋아합니다.

주의하십시오. 우리 모두에게는 "온유함"이라는 단어로부터 회피하고 내팽겨치는 경향이 있습니다.

우리는 온유함을 약함으로 간주하지만, 예수님은 여기서 이 말을 그런 의미로는 사용하시지 않으셨습니다. 그렇습니다. 예수님의 말씀 가운데서, 그분은 겁쟁이(weakling)를 의미하신 것은 아닙니다.

우리가 이 온유라고 하는 말을 일부러 오해하여 받아들이는 것은 아닐까 하고 나는 가끔 생각합니다. 왜냐하면 "그런 결의를 해버린다면 복종하지 않으면 안된다는 것 등, 여러 가지 요구가 자기 생활에 덮쳐 눌러오는 것은 아닐까" 하고 두려워하고 있기 때문입니다.

그리고 그것은 주로 굴복(surrender)입니다. 그러나 온유함은 정확히 바로 그런 의미입니다. 왜냐하면 온유함은 완전한 굴복을 의미하기 때문입니다.

자신을 하나님께 완전히 복종시키는 것은 인간에게 있어서 가장 어려운 것들 중 한 가지입니다. 앞 장(章)에서 내가 말씀드렸던 과학자를 생각해 보십시오. 그에게 자연계를 능가하는 능력을 주고 있는 것은 그의 온유함입니다. 또 온유한 학자는 지식을 능가하는 힘을 얻습니다. 그와 같이 온유한 그리스도인은 우주를 능가하는 힘을 얻게 됩니다. 예수님은 이 진리를 이렇게 말씀하셨습니다.

"온유한 자는 복이 있나니 그들이 땅을 기업으로 받을 것임이요"

여기에서 주님의 말씀은 어떤 사람들에게는 거의 불합리한 것으로 보일지도 모릅니다.

"천국을 상속한다구요?"

그렇습니다. 우리는 그것을 이해할 수 있으며, 우리는 모두 예수님을 만나서 천국이 자기의 거처가 될 날을 기다리고 있습니다.

"하지만 지금 여기, 이 삶에서 땅을 상속받는 것입니까?" 당신은 그럴리가 없다고 말할지도 모르겠습니다. 그러나 실제로 온유한 사람들이 확실히 이 땅을 상속받고 있으며, 그들이야말로, 이 땅을 상속받을 권리를 받은 유일한 사람들입니다.

예를 들어서 생각해 봅시다. 별은 누구에게 속해 있습니까? 별들은 별들에게 온유하게 굴복하고, 그 굴복을 통하여 별들의 왕국(the Kingdom of the stars)에 들어오는 천문학자에게 속해 있습니다. 그 천문학자야말로 별을 충분히 감상하고 즐길 수 있는 사람이며, 별들의 권능을 매우 잘 알고 있는 사람입니다.

산은 누구에게 속해 있습니까? 산은 산을 사랑하고, 산에 복종하고, 그러므로 산의 여러 가지 신비를 알고 있으며, 산에 대해 정통한 지질학자에게 속하여 있습니다. 그는 산을 올바로 감상합니다. 왜냐하면 그는 자신을 산에게 굴복했기 때문입니다.

지성의 세계는 누가 상속받고 있습니까? "자신의 지성으로, 자기가 좋아하는 것을 마음대로 할 수 있다"고 말하는 사람들입니까? 아닙니다. 인간은 자신의 몸을 그리스도께 복종시킬 수 있을 뿐만 아니라, 자기의 지성도 역시 복종시킬 수 있습니다. 자기의 지성을 그리스도께 온유하게 복종시키는 사람은 그렇게 함으로 그리스도로부터 다스림을 받게 됩니다. 그때 그리스도의 지성이 그 사람의 생각을 다스리며, 영적인 것을 보다 깊이 이해하는 능력, 그리고 이 지상의 것과 이 지상을 초월한 것들을 보다 깊이 이해할 능력이 그에게 주어지는 것입니다. 다만 하나님 한 분만이 위대한 지혜, 거룩한 지혜, 하나님 자신의 지혜를 나타이 구시는 것입니다.

그리고 지성의 세계를 상속받는 사람은 자기 자신과 자기의 지성을 하나님께 굴복시키고 있는 그리스도인입니다. 그러므로 예수님이 말씀하신 것은 (언제나 그렇지만) 옳았던 것입니다. 왜냐하면 온유한 사람들이 확실히 땅을 상속받기 때문입니다.

내가 거듭거듭 깨달아 왔던 것입니다만, 자기 자신을 (몸도, 혼도) 주님께 복종시키지 않는 동안은 어느 누구도 어떻게 살아야 할지를 진정으로 배우는 사람이 없으며, 삶의 깊은 의미를 이해하지도 못합니다.

"온유"라고 번역되어 있는 히브리어의 진정한 의미는

"주물로서 형이 떠지는 것(to be modeled)"입니다. 당신이 온유하게 자신을 그리스도께 복종시켜 갈 때, 당신은 자신을 하나님의 손길 안에 있는 퍼티(Putty:유리창 따위의 접합제) 처럼 되어 하나님에 의해 모형이 만들어지는 것을 허락해 드리는 것입니다.

당신 자신을 하나님의 목적에 항복시키십시오. 당신의 인생을 하나님께 다스림을 받도록 하십시오. 그러면 당신은 사는 것에 대해 최대한의 깊은 뜻을 발견할 것입니다. 만일 내가 하나님의 다스리심에 자신을 굴복시키고 있지 않다면, 나는 미래에 직면하게 될 것을 두려워하고, 두려움에 빠진 사람들 중 한 명이 되어버릴 것입니다. 두려움은 삶 가운데서 빠질 수 있는 가장 황폐케 하는 감정들 가운데 하나임을 누구도 부정할 수 없습니다.

그렇지만 나는 두려워하지 않습니다. 나는 나 자신보다 위대한 능력에 자신을 맡기고 있기 때문입니다. 나는 나 자신을 하나님의 다스리심에 맡기고 있습니다. 나는 하나님의 권능과 능력을 완전히 신뢰하고 있습니다. 하나님은 오늘도 내일도 그리고 내 삶의 모든 날 동안, 나를 돌보아 주실 것을 나는 알고 있습니다.

사랑하는 여러분, "온유"라는 말은 하나님의 거룩하신 계획에 다스림 받는 것이며, 또한 하나님의 거룩하신 계획에 복종하는 것을 의미합니다. 우리가 태어났을 때, 하나님의 법칙들은 이미 확립되어 있던 것을 잊지 말아 주십시오. 하나님의 길은 결정되어져 있지만, 우리는 하나님의 길을 택하여 하나님의 법칙을 따라 살아갈 수도 있으며, 하나님과 하나님의 법칙을 거역할 수도 있습니다. 그러나 우리는 하나님께서 이미 행하신 것을 바꿀 수는 없습니다.

이 점에 대해서 아직 잘 이해가 안된다면, 하나의 예를 들어서 말씀드리겠습니다. 그것은 뛰어난 통찰력을 가진 어느 그리스도인 신사로부터 받은 것입니다.

세계는 둥글고 하늘은 푸르다는 것은 사실입니다. 가령 누군가가 "나는 둥근 세계나 푸른 하늘을 좋아하지 않고 오히려 정방형의 세계와 녹색 하늘이 좋다"고 해도 이미 존재하고 있는 것을 바꾸기 위해서 그 사람이 할 수 있는 것은 아무것도 없습니다. 하나님의 세계는 둥글고 그분의 하늘은 푸르며, 이후에도 역시 그렇습니다.

하나님의 우주법칙은, 하나님의 우주 그 자체와 동일하며, 바꿀 수 없는 것입니다. 하나님은 일년 중의 계절을 창조하셨습니다. 농부는 계절의 법칙을 배우고, 그는 그 법칙에 의해 지배받습니다. 그는 적당한 시기에 곡물을 심고, 그리고 거두어 들여야 할 때, 거두어 들입니다. 그가 겨울에 곡식 씨앗을 뿌린다면 큰 문제에 빠지게 될 것입니다.

　왜 그렇습니까? 그렇게 한다면 그는 하나님의 우주법칙에 반대로 행하는 것이 되기 때문입니다.

　현명한 농부는 하나님의 법칙과 협력하여 작업하고 그것에 순복(yield)합니다. 그는 계절의 법칙을 배웠으며, 또한 그 법칙에 지배받습니다. 그러므로 그는 적당한 시기에 씨앗을 뿌리고, 거두어야 할 때, 거두는 것입니다.

　그가 하나님의 법칙을 거슬러 계절을 벗어나서 씨앗을 뿌릴지라도 하나님의 법칙을 바꿀 수는 없습니다. 그는 수확에 실패하고 손실을 입을 뿐입니다. 그러므로 농부에게 있어서 온유함이란, 씨를 뿌려야 할 때, 뿌리는 것을 의미합니다. 하나님의 법칙에 복종하는 것입니다.

　인생도 동일합니다. 하나님은 자신의 의지를 가지고 계시며, 인간도 자기의 의지를 가지고 있습니다. 인간은 자신의 이기적인 의지를 행사하든지, 아니면 하나님의 의지에 온유하게 복종하든지 그 선택권을 가지고 있습니다.

　여러분도 나도 하나님의 의지를 거역할 수 있으며, 하나님의 의지에 복종할 수도 있습니다.

　예수님 자신의 생애 가운데, 가장 위대한 온유의 모범

이 있습니다. 예수님이 "온유한 자는 복이 있나니"라고 말씀하셨을 때, 그분께서는 친히 무엇에 대해 말하고 있는가를 잘 알고 계셨습니다. 예수님은 자신이 전혀 하나님이 아닌 인간이셨기 때문입니다. 그러므로 그분의 인간성의 모습에서도, 그분은 그분 자신의 의지를 가지고 계셨습니다. 그분이 산기슭에 앉으셔서, 내가 지금 여러분께 말하는 가르침을 말씀하셨을 때, 그분은 성부 하나님의 의지와는 별개인 예수님 자신의 의지를 가지고 있음을 알고 계셨습니다. 예수님은 인간 개개인이 직면하는 가장 어려운 선택의 하나에 대해서 말씀하셨습니다. 즉, 자신의 의지를 성부 하나님께 복종시킬 것인가 아니면 자기 자신의 의지를 행할 것인가 하는 선택입니다. 예수님 자신은 자신의 의지를 성부 하나님의 의지에 복종시키는 것이 필요하다는 것을 알고 계셨습니다. 왜냐하면 예수님은 이렇게 말씀하셨기 때문입니다.

"그러나 내 원대로 마시옵고 아버지의 원대로 되기를 원하나이다"(눅 22:42)

시편 37편 4절에는 이렇게 기록되어 있습니다.

"또 여호와를 기뻐하라 그가 네 마음의 소원을 네게 이루어 주시리로라"

다른 말로 표현해서, 성령의 영감 아래서, 시편 기자는 이렇게 말하고 있는 것입니다.

"인간이 주님 안에서 기뻐하고 주님께 복종할 때, 그 사람은 자기보다 위대한 권능에 항복하는 것으로 됩니다. 그러면 그 결과, 주님께서 친히 그 사람의 마음에 원하는 것을 그 사람에게 주시는 것입니다"

반면에 하나님의 뜻대로 형성되어지지 않고, 하나님의 뜻에 다스림받지 않는 것은 하나님의 최선을 놓치고, 자신을 파멸시키는 것입니다.

하나님의 법칙을 거스리고 하나님의 뜻에 거역하며 그리고 하나님을 향하여 반역적인 삶을 살면서 기쁨과 평안을 경험하는 것은 불가능합니다.

이 세상에서 가장 놀라운 것 중 하나는 마음이 평안입니다. 당신은 '마음의 평안과 혼의 평안을 잡으려 하는데, 왜 언제나 나의 손에서 벗어나 버리는 것일까' 하고 생각하고 있는 사람은 아닌지요? 여기서 잠시 동안 자신을 분석하고, 자신의 목적과 자신의 상황을 분석해 보십시오.

당신은 하나님의 법칙을 거역하고 있지는 않습니까? 그리고 그 결과 평안을 아는 기쁨이 부족해진 것은 아닙니까? 당신은 자기 자신이 원하는 것만 요구하고 있으며 자기 나름대로의 방법만 주장하고 있는 것은 아닙니까? 만일 당신의 대답이 "예"라면 당신은 그 결과에 만족해서는 안될 것입니다. "당신 나름대로(당신 자신)의 방법"을 고수하고 있기 때문에 당신의 인생을 황폐케 하고, 당신을 패배자로 만들고 있을 가능성이 있습니다.

만일 당신이 그러한 사람이라면 당신은 어딘가에서 하나님의 법칙을 거역하고 있는 것입니다. 만일 그러한 상황이라면, 당신은 봄에 뿌려야 할 씨앗을 겨울에 뿌리고 있는 어리석은 농부와 같습니다. 하나님께서 하늘을 푸르게 창조하셨는데, 당신은 녹색의 하늘을 원하고 있는 것입니다. 하나님이 세계를 둥글게 창조하셨는데, 당신은 사각형의 세계를 원하고 있는 것입니다.

이것에 대해서 현실적이 되십시오. 당신은 하나님의 마음과 법칙에 반하는 것만 하고 있으면서, 하나님의 말씀과 법칙을 거역하고 있으면서, 마음의 평안을 기대할 수는 없습니다. 그런 상태에서 당신은 일이 잘 되어 가리라고 기대할 수 없습니다. 당신은 일방통행 길을 반대 방향으로 진행하고 있습니다.

당신은 "잘못된 길을 가고 있습니다"라고 알려주는 그 간판을 보지 않았습니까? 당신은 틀린 방향을 선택하여 여행을 해 왔지만 이제부터라도 방향을 바꾸는데 너무 늦지는 않습니다!

위를 바라보십시오! 당신은 자기 자신에게서 눈을 떼고 화살표가 어디를 가리키고 있는지 차분히 보십시오. 하나님의 화살표가 당신에게 지시해 주는 장소가 있는데, 그것과는 반대방향으로 나아가고 있다는 사실을 깨달으십시오.

모든 하나님의 법칙을 하나의 방향을 지시하고 있는데, 그 하나의 방향은 바로 하나님 자신입니다. 그렇지만 당신은 하나님의 마음과 하나님의 목적과는 반대의 삶을 살고 있습니다.

"온유한 자는 복이 있나니" 라고 예수님은 말씀하셨습니다. 온유한 사람, 즉, 하나님께 복종하는 사람이 하나님을 자신의 하나님으로서 소유하는 것입니다. 하나님께 복종하는 사람들은 평안을 갖게 됩니다. 하나님의 뜻(will)에 복종하는 사람들은 기쁨을 갖게 됩니다.

"온전한 사랑이 두려움을 내쫓나니"(요일 4:18)

그러나 당신은 모든 것을 하나님께 복종시키고, 하나님께 굴복할만큼, 하나님을 사랑해야 합니다. 그리고 그때, 당신은 땅을 기업으로 받는 온유한 사람들 중 한 명이 될 것입니다.

제 4 장
주리고 목마른 자

많은 사람들이 산기슭에 앉아 있었습니다. 예수님은 "주리다(hunger)", "목마르다(thirst)"라는 그들이 이해할 수 있는 말을 사용하여 그들에게 말씀하셨습니다. 그분은 이렇게 말씀하셨습니다.

> "의에 주리고 목마른 자는 복이 있나니 그들이 배부를 것임이요"(마 5:6)

그렇지만 그분께서 말씀하신 "주리다", "목마르다" 라는 것은 육체적인 것이 아니라, 영적인 것이었습니다. 그분은 인간적인 공급으로 쉽게 만족되는 어떤 원함을 말씀하신 것은 아니었습니다. 오히려 그분이 말씀하신 것은 하나님의 귀한 뜻에 완전히 일치한 거룩함과 의에 도달하려고 하는 원하심이셨습니다.

우리 인간의 식욕은 매우 간단히 만족되어질 수 있습니다. 여러분도 아시듯이, 돼지는 옥수수 껍질로 만족합니다. 그러나 죽지 않는 인간의 혼은 그렇지 않습니다.

하나님이 행복이라고 여기시는 것은 거룩함을 구하는 갈망입니다. 하나님께서 축복하시고 보상해 주시는 것은 하나님의 더 깊은 것들을 구하는 갈망입니다. 주님께서 채워주시는 것은 하나님을 알고자 하는 갈망이며, 의를 구하는 갈망이며, 하나님의 말씀을 알고자 하는 갈망입니다.

여기서 중요한 것을 발견하십시오. 우리의 주리고 갈급함은 주리고 갈급해 있는 우리의 혼으로부터 오는 것입니다. 그러나 이러한 갈망을 완성하고 채워 주시는 것은 언제나 하나님 편에 있습니다. 하나님이 주시는 분(Giver)입니다.

우리는 거룩함을 받지만, 우리는 그것을 창조하는 것은 아닙니다. 영적인 것들에 대해 갈급함이 있을 때, 그 갈급함을 충족시키기 위해 채워주시겠다고 약속하신 분은 하나님입니다.

또 내가 개인적으로 배운 것입니다만, 육신의 몸이 경험하는 어떤 굶주림보다도 영적인 굶주림이 훨씬 더 클 수 있습니다.

"나는 하나님의 것들에 대해 갈급합니다"라고 말하는

사람들을 나는 알고 있지만, 그들은 정말 그것을 의미하는 것이 아님을 발견했던 적이 있습니다. 그들은 스스로 말하고 있는 것과는 반대의 행동을 하고 있기 때문입니다. "나는 그리스도인이 되고 싶지만, 나는 그리스도를 발견할 수 없습니다"라고 말했던 사람들도 있었습니다. 초청이 있을 때마다, 그들은 맨먼저 강단으로 나아옵니다. 그리스도를 영접하기 위해서 몇번이나 강단쪽으로 달려나올 필요는 없다고 나는 믿습니다.

하나님의 말씀의 권위에 기초하여 제가 약속드릴 수 있는 것입니다만, 당신이 강단에 나아오는 것은 한 번만으로 충분합니다. 예수님을 영접하고 싶을 때, 하나님이 약속하셨던 그 거듭남의 경험을 갈망할 때, 이 세상 무엇보다도 자신의 죄가 그리스도의 피로써 덮여 있는 것에 대한 확신이 필요힐 때, 당신은 그 경험을 하게 될 것입니다. 그리고 하나님의 아들이 모든 죄에서 당신을 정결케 해 주셨음을 알게 될 것입니다. 그렇지만 당신은 마음과 혼을 다하여, 그분을 갈망해야 합니다.

"네 마음을 다하고 목숨을 다하고 뜻을 다하여 주 너의 하나님을 사랑하라"(마 22:37)

그렇게 하여, 하나님이 우리의 애정과 우리의 감정과 우리의 사고의 중심이 될 때, 우리는 하나님을 발견하고, 하나님을 소유하며, 또 하나님께 소유되게 되는 것입니다.

나는 무대 위에 있는 강단 앞에 설 때, 회중들에게 매우 민감해집니다. 내가 사역하는(minister) 사람들의 얼굴과 내 앞에 있는 사람들의 다양한 표정을 내가 얼마나 잘 보고 있는지를 여러분이 안다면 틀림없이 놀랄 것입니다. 집회가 시작되면 어떤 사람들은 생각을 조용히 합니다. 또 어떤 사람들은 기도하고 있으며 자기 주변을 거의 의식하지 않습니다. 주위 사람과 잡담하고 있는 사람, 자기의 복장을 살피고 있는 사람, 집회장에 들어오는 사람을 앉은 채로 바라보는 사람 등이 있습니다. 얼굴에서 빛을 발산하는 사람들도 있습니다. 나는 그 사람들의 표정에서 주변 사람들에게는 의식하지 않고 하나님께만 주목하고 있음을 알 수 있습니다.

그후에 내가 메시지를 전하기 시작하면 압지(blotter)나 스폰지에 비유될만한 사람들이 있습니다. 그들은 내가 말하는 한 마디 한 마디를 모든 신경을 집중해서 듣고, 그것을 완전히 빨아들입니다. 그렇지만 전혀 어떤 반응도 나타내지 않고, 잠자코 앉아 있는 사람들도 있습니다.

틀림없이 그들은 무엇에 대한 설교였는지 들었지만 말할 수는 없을 것입니다.

무엇이 이런 차이를 만들어내는 것일까요? 그것은 단순히 이렇습니다. 의에 목말라하며 하나님께 굶주려 있는 사람들이 있습니다. 그들은 영적인 양식을 진실로 갈망하고 있습니다. 한편으로 무관심하고 자기는 아무것도 노력하지 않고 주님이 "자신의 주머니에 뭔가 넣어주는 것"만 기대하는 사람들이 있습니다. 그들은 더구나 무언가를 보아도, 어디를 가더라도, 단지 그것뿐입니다.

사람이 가장 깊은 열망으로 하나님을 구하기 전까지 그 사람은 결코 하나님을 발견하지 못합니다. 나는 오랜 세월에 걸쳐서 그것을 보아 왔습니다. 사람은 자기가 찾고 구하는 바로 그것을 얻게 됩니다! 사람은 자기가 보기 원하는 것을 보게 됩니다. 사람은 자기가 진실로 찾기 원하는 것을 삶에서 찾게 될 것입니다. 예수님은 인간의 본성을 아셨습니다. 그러므로 예수님은 이렇게 말씀하실 수 있으셨던 것입니다. **"의에 주리고 목마른 자는 복이 있나니 그들이 배부를 것임이요"** 목마르다는 말은 강한 표현의 말입니다. 인간의 혼이 하나님께 목말라 할 때, 그 사람은 하나님으로 충만케 됩니다. 그는 자신을 위해 하나님을 찾게 될 뿐만 아니라, 이 땅에 하나님의 나라를 가져오게 될 것입니다.

이것은 나에게 매우 실제적입니다. 왜 그런가 하면 나의 인생에서 내가 나의 온 존재를 다해 하나님께 절규하지 않았던 때를 한 순간도 생각해 내지 못하기 때문입니다. 여러분은 육체적인 배고픔을 화제로 삼습니다. 나도 육체적인 배고픔으로 음식물을 필요로 해왔음을 인정합니다. 그러나 나는 진리를 화제로 말씀드립니다만, 영적인 굶주림보다 더 심한 육체적인 굶주림은 지금까지 한 번도 경험한 적이 없습니다.

구원에 대한 나의 굶주림도 굉장했습니다. 미주리 주 콘코디아에 있는 그 조그마한 감리교회에서 예수님 안에 있는 만족을 발견했습니다. 그러나 나의 굶주림은 그것으로 마지막이 아니었습니다. 그 굶주림은 대단했지만, 나는 더 큰 굶주림에 사로잡히게 되었습니다. 너무나도 큰 굶주림이었기 때문에 나는 밤하늘을 올려다보며 반짝이는 별들 너머를 보면서 이렇게 말했습니다.

"예수님, 나는 당신께 속하였음을 알고 있습니다. 하지만 나는 더 크고 더 깊은 경험을 갈망하며 굶주려 있습니다. 나는 당신이 나에게 예비해 두신 것을 조금 맛보았을 뿐이므로, 어렴풋이 들여다본 것에 지나지 않습니다. 놀라우신 예수님. 제발 내게 더 주시옵소서. 나를 온 존재 구석 구석까지 채우시고, 나의 이 몸이 항복된 그릇이 되어서 성령으로 차고 넘치기까지 채워 주시옵소서."

내가 구했던 것은 경험이 아니고, 어떤 증거도 아니었

습니다. 나는 예수님을 더 더욱 구하였던 것입니다.

나는 주시는 분(Giver)을 구하였던 것입니다. 그분의 사랑, 그분의 강하심, 그분의 권능을 그때까지 지극히 조금은 받았습니다. 나는 내가 뵈었던 분을 더욱 구하였던 것입니다. 나는 조금 맛보긴 했지만, 내가 맛보았던 바로 그것을 더욱 원하였습니다. 예수님은 **"주리고 목마른 자는 복이 있나니"**하고 약속하셨으며, 그 약속대로 성령께서 나에게 와주시고, 분명히 그 굶주림과 갈망을 채워주시고, 나의 갈급함을 분명히 채워주셨습니다.

예수님께서 주시는 것에는 한계가 없음을 나는 믿습니다. 여러분이 그분의 임재를 갈망하여 구하며, 그분과 그분의 뜻에 자신을 굴복시켜 나감에 따라, 당신의 여러 가지 갈망이 충족되어 갈 것입니다. 그리고 내가 경험했듯이 당신도 하나님의 놀라운 충만케 하심과 그분의 감동적인 권능과, 그리고 그분이 내주하시는 친밀한 임재를 경험하게 될 것입니다.

제 5 장
하나님의 크신 긍휼

"긍휼히 여기는 자는 복이 있나니 그들이 긍휼히 여김을 받을 것임이요"(마 5:7)

여러분도 아시다시피, 우리가 하나님의 나라에 접근하는 모든 방법과 수단들 가운데, 이것이야말로 가장 매력적이고, 가장 중요하며, 또 우리들 중 많은 사람들에게 있어 때때로 가장 귀찮고 곤란한 것입니다.

우선 맨먼저, 이것은 매력적입니다. 왜냐하면 긍휼로부터 우리가 연상하는 것은 이기심이 없는 섬김, 친절, 선함, 선의(goodwill) 등이기 때문입니다. 우리는 인간이기 때문에 하나님의 정의를 생각하면 우리는 뒤로 움츠러들고, 정의라는 말로 그분을 생각하는 것은 싫어하는 경향이 있습니다.

우리는 모두 하나님의 긍휼을 구하며 기도하고, 하나님의 긍휼을 우리에 충분히 부어 주시도록 갈망합니다.

우리가 구하는 것은 하나님의 정의가 아니라 하나님의 긍휼입니다. 긍휼이 없으면 우리는 가라앉게 됩니다. 우리는 모두 범죄했으며, 하나님의 영광에 이르지 못한 자들입니다. 그리고 여러분도 나도 이렇게 기도할 수 밖에 없습니다. "하나님, 죄인인 나를 긍휼히 여겨주세요"라고. 왜 그렇습니까? 그것은 하나님의 긍휼이 없으면 정의밖에 남지 않으며, 우리는 죄인이므로 우리 모두는 하나님의 긍휼을 구하고 기도해야 합니다.

그렇지만 주의해야 할 것이 있습니다. 우리가 하나님의 긍휼을 갈망하고, 하나님의 인내를 탄원할지라도, 그것은 우리 인간의 품성의 특성들 가운데 가장 어려운 것들 중 하나입니다. 왜냐하면 우리는 긍휼을 구함에도 불구하고, 다른 사람을 진심으로 긍휼히 여기는 것은 쉬운 일이 아니기 때문입니다.

주일 날 교회에서 회중들이 일어서서 "주기도"라고 불리는 기도를 함께 할 때가 자주 있습니다.

마태복음 6장 13절에서 끝내지 않고, 14절과 15절까지 그 기도를 계속해야 하는 것은 아닐까 하고 나는 가끔 생각합니다. 왜냐하면 그 절들은 우리가 건전한 그리스도인의 삶을 살아가는데 매우 중요하기 때문입니다.

"너희가 사람의 잘못을 용서하면 너희 하늘 아버지께서도 너희 잘못을 용서하시려니와"(마 6:14)

우리 모두는 용서를 받고 싶어하며, 우리 모두는 우리의 동료들로부터도 용서받길 원하는 사실에 대해서 모두가 동의합니다. 당신은 아내로부터 용서받길 원할 것입니다. 당신은 남편으로부터 용서받길 원할 것입니다. 당신은 모든 이웃 사람들로부터 당신의 어떤 단점들일지라도 용서받고 싶어할 것입니다. 당신은 직장 동료들로부터 용서받길 원할 것입니다. 당신은 어떤 나쁜 것들일지라도 사회로부터 용서받길 원할 것입니다. 그리고 당신은 하나님이 당신의 약점과 당신의 실패와 당신의 여러 가지 죄를 용서해 주시도록 매일 기도하고 있을 것입니다.

　15절은 한 걸음 더 나아가는 말씀입니다.

"너희가 사람의 잘못을 용서하지 아니하면 너희 아버지께서도 너희 잘못을 용서하지 아니하시리라"

　예수님이 가르쳐 주셨던 "주기도"를 드리는 사람은 많이 있습니다. 그러나 그 기도의 이 부분을 잘 알고 있으면서 기도하는 사람은 극히 소수입니다. 이 용서에는 두 가지가 있습니다. 만일 당신이 용서받고 싶다면, 용서하지 않으면 안됩니다. 당신의 죄를 하나님께 용서받기 원한다면, 당신의 동료들의 죄를 용서해 주지 않으면 안됩니다.

어떤 사람은 이렇게 말할 것입니다.

"나는 용서할 수 없습니다. 왜냐하면 나는 정당하고 상대가 나쁘기 때문에 왜 내가 용서해야 합니까?"

그러나 생각해 보십시오. 당신이 "내 죄를 용서해 주십시오"라고 하나님께 부탁할 때, 나쁜 것은 당신이고 하나님은 정당했던 것입니다. '죄'라는 말 자체가 당신이 행한 것으로 나쁜 것은 당신이라는 것을 의미합니다. 하나님이 당신의 죄를 용서해 주셨을 때, 하나님은 당신에 대하여, 당신의 여러 가지 잘못들을 용서하신 것입니다. 그리고 당신이 하나님 앞에 죄를 가지고 와서 하나님의 용서를 구할 때, 하나님은 지금도 용서해 주시는 하늘 아버지입니다.

하나님은 용서에서 긍휼이 많으신 분입니다. 그러므로 여러분도 나도, 사람들이 행한 것이 옳든 나쁘든, 그들에 대해서 그들의 죄를 용서하는데 똑같이 긍휼한 마음을 품어야 하는 것입니다. 심판하는 것은 우리가 해야 할 것이 아닙니다. 우리는 용서하는데 긍휼한 마음을 가져야 합니다.

더 알고 싶습니까? 여러분이 할 수 있는 것으로 가장 돈이 많이 드는 것은 누군가에 대하여 악한 마음을 당신의 마음에 품는 것입니다. 그것은 누구이든 관계 없습니다. 그것만큼 비싼 값을 지불하게 되는 것은 아무것도 없습니다. 때때로 그것은 몸 전체에까지 영향을 미칠 수도 있습니다.

만일 당신이 누군가에 대해 원한이나 용서하지 않는 마음을 가지고 있다면 당신의 몸이 영향받을 수 있습니다. 재미있는 것은 그것이 상대를 괴롭히는 것은 전혀 없다는 것입니다. 상대는 당신의 마음 속에 있는 그 복수심을 알지 못할지도 모릅니다. 예를 들면, 매우 많은 사람이 내게 이런 편지를 주는 것을 알고 놀랄 것입니다.

"미스 쿨만, 나는 정직히 말해야겠어요. 나는 당신이 말씀하는 것과 당신이 행한 것에 불복한 적이 있고, 마음속으로 당신에게 나쁜 생각을 가지고 있습니다."

나는 그 사람을 아는 경우는 좀처럼 없으며, 그 사람이 마음에 용서하지 않는 생각을 품고 있는 동안에도 줄곧 나는 그것을 알아차리지 못했습니다. 나는 그 사람의 원한이 결코 존재하지 않았던 것처럼 내 생활을 그대로 영위하고 있었습니다. 그렇지만 그것은 그 사람에게 힘든 대가를 치르는 것이 되었습니다. 왜냐하면 그것으로 그는 영적 성장이 방해받았기 때문입니다. 그것으로 그는 하나님께 더 강력하게 쓰임받을 수 없게 되었습니다. 그것으로 하나님이 그의 기도에 응답하실 수 없도록 해 버렸을지도 모릅니다. 왜냐하면 용서하려고 하지 않는 사람을 하나님께서 축복하실 리가 없기 때문입니다. 그러므로 나는 누군가에 대하여 마음에 나쁜 생각을 품고 있는 것은 자신이 나중에 가장 값비싼 대가를 치르게 되는 것이라고 믿고 있습니다.

마태복음 18장에서 베드로가 예수님께 와서 질문하는 부분이 있습니다.

"주여 형제가 내게 죄를 범하면 몇 번이나 용서하여 주리이까 일곱 번까지 하오리이까"(마 18:21)

베드로는 한 번으로 충분하다고 생각했을지도 모릅니다. 그리고 두 번이나 용서해 준다면 자신은 마음이 넓은 사람이라고 생각했을지도 모릅니다. 세 번이나 용서해 준다면 그것은 베드로에게 있어서 엄청난 것이었을지도 모릅니다. 그렇지만 그는 그것들을 전부 할 것이라고 생각하고 이렇게 말했던 것입니다. "주님, 일곱이라면 어떻게 할까요? 일곱 번으로 충분하지 않을까요?" 예수님은 이렇게 대답하셨습니다.

"일곱 번뿐 아니라 일곱 번을 일흔 번까지라도 할지니라"(마 18:22)

그리고 계속해서 예수님은 매우 중요한 예화를 말씀하십니다. 상환할 수 없이 많은 액수의 부채가 있는 종을 용서한 왕에 대한 이야기입니다. 마태복음 18장 23절 이하에 기록되어 있는 그 부분을 직접 읽어보십시오.

"그러므로 천국은 그 종들과 결산하려 하던 어떤 임금과 같으니 결산할 때에 만 달란트 빚진 자 하나를 데려오매" (마 18:23-24)

그 부채의 액수가 큼을 생각해 보십시오. 오늘날의 돈으로 말하면 백만달러나 됩니다. 그것은 갚기가 완전히 불가능한 부채였습니다.

"갚을 것이 없는지라 주인이 명하여 그 몸과 아내와 자식들과 모든 소유를 다 팔아 갚게 하라 하니 그 종이 엎드려 절하며 이르되 내게 참으소서 다 갚으리이다 하거늘 그 종의 주인이 불쌍히 여겨 놓아 보내며 그 빚을 탕감하여 주었더니"(마 18:25-27)

그는 1센트도 갚을 필요가 없어졌습니다. 왕은 부채를 전액 탕감해주고, 청구서에 '전액지불완료'라고 기입했던 것입니다! 긍휼로서 용서했습니다!
그렇지만

"그 종이 나가서 자기에게 백 데나리온 빚진 동료 한 사람을 만나 붙들어 목을 잡고 이르되 빚을 갚으라 하매 그 동료가 엎드려 간구하여 이르되 나에게 참아 주소서 갚으리이다 하되 허락하지 아니하고 이에 가서 그가 빚을 갚도록 옥에 가두거늘 그 동료들이 그것을 보고 몹시 딱하게 여겨 주인에게 가서 그 일을 다 알리니 이에 주인이 그를 불러다가 말하되 악한 종아 네가 빌기에 내가 네 빚을 전부 탕감하여 주었거늘 내가 너를 불쌍히 여김과 같이 너도 네 동료를 불쌍히 여김이 마땅하지 아니하냐 하고 주인이 노하여 그 빚을 다 갚도록 그를 옥졸들에게 넘기니라 너희가 각각 마음으로부터 형제를 용서하지 아니하면 나의 하늘 아버지께서도 너희에게 이와 같이 하시리라"

(마 18:28-35)

사랑은 긍휼이 어떻게 나타나는 것일까요? 사람은 어떻게 용서하는 걸까요? 증오심을 땅속에 묻어둔 것인데, 그것을 땅에서 꺼내서 언제라도 또 사용하고 싶을 때, 사용할 수 있도록 하는 사람이 많이 있습니다. 나는 증오심을 땅속에 묻고서 악수했던 두 사람을 알고 있습니다. 그 자리에서는 잘 되어갔지만, 그들 중 한 사람이 미움을 꺼내었습니다. 반년 후, 어떤 일이 일어났습니다. 그는 자기가 전부터 가지고 있던 원한을 떠올리고, 그 옛날의 증오심을 붙잡고 그리고 그 증오심을 다시 휘

둘렀습니다.

당신이 전에 당신에게 상처준 사람을 용서하고 있지 않다면, 예수님이 당신을 위해 당신의 죄를 용서하는 것은 불가능합니다. 당신이 당신에게 나쁜 짓을 한 적이 있는 그 형제, 그 자매, 그 사람에게 긍휼을 베풀려고 하기까지 예수님은 자신의 긍휼을 보류하십니다.

당신에게는 자신이 분노할만한 정당한 이유가 있을지도 모릅니다. 당신은 완전히 정당할지도 모릅니다. 그러나 그것이야말로 긍휼이 들어올 여지가 있는 것입니다. 그것이야말로 이 성경 말씀이 말하고 있는 것입니다. 잘못을 용서할 수 있는 것은 긍휼뿐입니다.

사람은 어떻게 용서합니까? 입술로만 용서합니까? 결코 그런 용서는 없습니다. 예수님은 그런 식으로 용서하시지 않습니다. 예수님이 우리 죄를 용서해 주실 때, 그분은 용서해 주실 뿐만 아니라, 우리에게 불리한 그러한 죄를 생각해 내지도 않으십니다. 그분은 우리가 고백하는 죄를 씻은 듯이 잊으십니다. 그분은 그러한 죄들을 자신의 기억에서 지우셔서, 가령 우리가 자기의 죄를 고백한 후 되돌아와서 "그 죄를 다시 한 번 용서해주세요"라고 원해도 예수님은 우리가 무슨 말을 하는지 알지 못하시는 것입니다.

왜냐하면 그분은 그것을 자신의 기억에서 완전히 지우셨기 때문입니다. 그분 자신의 생각에서 그것을 지우셨습니다. 왜냐하면 그분은 진실로 용서하셨기 때문입니다.

만일 여러분이 어떤 형제의 잘못을 진심으로 용서하지 않으면, 여러분의 천부께서도 여러분의 잘못을 용서하시지 않으십니다.

그러므로 나는 당신이 할 수 있는 것으로 가장 비싼 대가를 지불하게 되는 것은 누군가에 대하여 당신의 마음에 악한 생각(wrong spirit)을 품는 것이라고 말씀드리는 것입니다.

반대로 하나님은 긍휼히 여기는 마음(merciful heart)을 귀히 여기시고, 그리고 긍휼이 많은 사람은 어떤 싸움에도 결코 패배하는 일이 없습니다!

제 6 장
마음이 청결한 자

> "마음이 청결한 자는 복이 있나니 그들이 하나님을 볼 것임이요"(마 5:8)

예수님께서 여기에서 우리에게 약속하시고 계신 것에 흥미가 끌립니다. **"그들이 하나님을 볼 것"**입니다.

이것이 실제로 어떤 것인지 생각해 봅시다. "본다(see)"는 말이 사용되고 있는 것으로 사람이 눈으로 보는 것에 관계있는 것임을 알 수 있습니다. 또 인간의 눈의 시력은 매우 놀라운 것이라는 사실에는 아무도 의의를 달지 못할 것입니다.

여러분은 "당신의 두 눈이 양호하다면, 당신은 부유한 사람입니다"라고 내가 몇 번이나 말하는 것을 들은 적이 있을 것입니다. 여러분은 돈으로는 살 수 없는 것을 가지고 있습니다. 인간의 시력도, 하나의 놀라운 것입니다.

그렇지만 모든 사람이 동일한 시력을 가지고 있는 것이 아니라는 것도, 여러분은 충분히 알고 계신다고 나는 확신합니다.

나는 어린시절, 어머니가 나를 불러서 "캐트린, 부탁인데 이 바늘에 실을 꿰어주지 않겠니?"라고 말씀하시면, 나는 득의 양양해졌던 것을 기억합니다. 여러분도 아시다시피, 저녁식사 후 설거지가 끝나면, 거의 매일 저녁 어머니는 바느질을 하거나 뜨개질을 하거나, 새 드레스에 레이스(lace)를 꿰메어 달거나 하셨습니다. 어머니가 바늘에 실을 꿸 때, 나에게 도움받으려고 부르면 나는 매우 기뻤습니다. 어머니가 스스로 할 수 없는 것을 내가 할 수 있었기 때문입니다. 게다가 나의 시력은 어머니보다 조금 좋다고 나는 자신을 가지고 있었습니다. 당시 내가 어떤 작은 바늘 구멍이라도 실을 꿰었던 것은 전혀 속임수 같은 것이 아니었습니다.

제가 말하고자 하는 요점은 바로 이것입니다.

모든 사람이 같은 시력을 가지고 있지 않다는 것입니다. 여러 가지 눈의 질병으로 사물이 일그러져 보이거나 선명히 보이지 않는 사람들이 많이 있습니다. 근시안을 가진 사람도 있으며, 원시안을 가진 사람도 있습니다. 그러므로 이 "시력"에 관하여 사람들이 뭔가를 보아도 모두가 동일한 것을 동일하게 보고 있는 것은 아니라는 사실을 알 수 있습니다.

한 예로서, 저의 개인적인 경험을 말씀드리겠습니다.

내가 비엔나에 있었을 때, 나는 다뉴브 강을 보고 싶다고 부탁했습니다. 나는 그 강이 세계에서 가장 아름다운 강으로 지중해처럼 푸르고 오래곤 주에 있는 크래터 호수의 물처럼 투명할 거라고 기대하고 있었습니다. 솔직히 말해, 나는 실망했습니다. 나의 고향의 미주리 강처럼 오염되어 있고 탁해져 있었기 때문입니다!

그런데 그것을 보고 있던 어떤 다른 사람에게는 아름답고 푸른 다뉴브 강으로 보였던 것입니다. 우리는 동일한 강을 보고 있었지만, 그 사람과 나는 그것을 똑같이 보고 있지 않았던 것입니다.

또 한 가지 예는 이렇습니다. 최근 청소년들 사이에서 하나님의 위대한 역사가 일어나고 있습니다. 나는 그 젊은 남,녀들에게 개인적으로 관심을 가지고 있습니다. 이렇게 질문한 사람들이 있습니다.

"저런 사람들을 어떻게 참을 수 있습니까?" 나의 대답은 간단합니다. 나는 그들의 지금의 상태를 보고 있는 것이 아닙니다. 나는 하나님께서 그들 위에 그분의 손길을 얹으시고 그들의 인생을 변화시키실 때, 그들이 하나님 안에서 어떤 사람이 될 수 있을까 하는 빛 안에서 그들을 보고 있습니다. 나는 마약중독에 빠져 있는 그들의 현상황을 넘어서 바라봅니다. 나는 그들의 불결한 생활을 넘어서 바라봅니다. 나는 불결함과 죄를 넘어 보고 있으며, 그들이 그리스도 안에서 어떤 사람이 될 수 있을까 하는 시야로 그들을 보고 있습니다. 나는 믿음으로 예수님 안에 있는 새로운 피조물을 볼 수 있습니다. 나는 예수님의 권능으로 변화받은 인생을 볼 수 있습니다. 나는 하나님을 위해 헌신하는 강력한 젊은이를 볼 수 있습니다.

거리에는 알콜 중독자들이 살고 있습니다. 내가 그 사람의 외관밖에 보고 있지 않다면, 나는 시간을 내어 그와 이야기하거나, 그를 위해 함께 기도하거나 하지 않을 것입니다. 지금 상태의 그를 본다면, 그를 위해 해줄 수 있는 것은 아무것도 없습니다. 그는 전혀 희망이 없는 경우입니다. 그러나 그의 인생이 전능하신 하나님의 능력으로 변화받게 될 때, 어떤 사람이 될 수 있을까를 나는 보고 있기 때문에, 나는 그를 인내하고 그를 위해 함께 기도하고 그를 위해 시간을 배려하는 것입니다. 나를 보고 원시라고 단정하는 사람이 있을지도 모르겠습니다.

그렇지만 한편으로 나는 엄청난 근시안의 사람들을 많이 알고 있습니다. 실제로 그들은 근시가 심해서, 시력을 교정하지 않으면 자신의 장래도, 자신의 생명의 상태도 결코 보이지 않습니다.

지금 제가 하는 말을 잘 들어주십시오. 우리 모두가

보는 방식에는 적어도 세 가지가 있습니다. 바울은 그것을 말씀으로 설명해주고 있습니다.

"하나님이 자기를 사랑하는 자들을 위하여 예비하신 모든 것은 눈으로 보지 못하고 귀로 듣지 못하고 사람의 마음으로 생각하지도 못하였다"(고전 2:9)

여기에서 고려되고 있는 세 종류의 시력이란 육체의 시력, 정신적(mental) 시력, 그리고 영적인 시력입니다.

육체의 눈의 시력이 있습니다. 그것으로 우리는 꽃과 산과 주변의 것들을 보거나, 인쇄물이나 사람들의 얼굴을 봅니다. 그것은 육신의 시력이어서, 우리가 잘 알고 있는 것으로, 거의 모든 사람은 어느 정도의 시력을 가지고 있습니다.

좀더 깊이 나아가 봅시다. 교사는 수학이나 화학 등의 문제를 설명하고 학생은 듣습니다. 그는 육안의 시력으로는 아무것도 보이지 않을지 모르지만, 그는 듣고, 듣는 것을 그의 지성이 이해하면 "알겠습니다(I see it)." 하고 말할 것입니다. 그렇지만 그의 육신의 시력으로서는 아무것도 보고 있지 않을지도 모릅니다. 그는 자신의 두 귀로 들은 것이며 그가 들은 것을 그의 지성이 이해한 것입니다.

이것은 어떤 종류의 시력일까요? 그것은 육신의 시력과는 다릅니다. 그것은 지성의 시력(mental sight)입니다. 학생이 뭔가 주어진 주제를 책으로 공부할 때, 그는 지성과 눈의 양자로 보는 것입니다. 그는 읽는 것을 이해하기 때문입니다.

　자, 이제 세 번째 시력에 대해서 생각해 보겠습니다. 솔직히 말해, 인간이 가질 수 있는 세 가지 시력 가운데 바로 이것이 가장 중요하다고 나는 생각합니다. 건전한 육안의 시력은 매우 귀중하고, 귀한 선물임을 나는 알고 있습니다. 귀와 지성에 의한 이 시력도 놀라운 것임을 여러분도 동의할 것입니다. 그렇지만 나는 이 세 번째의 시력이야말로 모든 것중에서 가장 값비싼 것이라고 생각하고 있습니다. 바로 그것이 바울이 고린도 신자들에게 보낸 편지에서 말하고 있는 것입니다. 그는 이렇게 말하고 있습니다.

　"하나님이 자기를 사랑하는 자들을 위하여 예비하신 모든 것은… 사람의 마음으로 생각지 못하였다"

　마음에도 눈이 있습니다. 나는 하나님이 나의 육안의 시력과 지성의 시력을 유지시켜 주시도록 기도할 뿐만 아니라, 내 마음의 시력(the vision of my heart) 또한, 동일하게 건전히 유지해 주시도록 기도합니다. 예수님은 사람들을 보내고 그들을 긍휼히 여기셨습니다. 그 놀라운 긍휼은 무엇이었을까요?

그것이 진실로 그분의 시력(the sight of His eyes)이었을까요? 물론 그분은 사람들을 자신의 눈과 지성으로 보셨습니다만, 자신의 마음(heart)으로도 보셨습니다. 그리고 그것이 바로 진정한 긍휼입니다.

인간은 하나님을 마음의 눈으로 봅니다. 여러분도 나도 이 육신의 몸을 입고 있는 한 하나님을 보는 다른 방법은 없습니다. 누군가가 자신은 하나님과 만났다던가, 자기는 성부 하나님을 정말 보았다고 말하는 사람이 있다면 그 사람은 진실을 말하고 있는 것이 아닙니다. 왜냐하면 성경 말씀이 하나님을 보고 살아있는 사람은 아무도 없다(출 33:20)고 말씀하기 때문입니다. 타락하고 죽을 수밖에 없는 육의 몸 안에 있는 여러분과 나는 전능하신 하나님의 인격(the person of God Almighty)을 볼 수 없습니다. 우리가 입고 있는 이 육의 몸은 지금 상태에서 하나님의 절대적인 완벽함과 거룩함을 보고도 살아있는 것은 불가능한 것입니다.

바울은 위대한 영적 거인이었습니다. 그렇지만 바울이 육신의 몸을 입고 있는 동안, 자신은 육의 눈으로 전능하신 하나님 자신을 보았다고 결코 말할 수 없었습니다. 왜 입니까? 그것은 우리의 이 자연적인 몸이 절대적인 거룩함과 순결함과 합치되도록 되어 있지 않고 우리는 우리의 죽어야 할 눈으로 하나님의 얼굴을 볼 수 없기 때문입니다.

　나에게 "하나님을 본 적이 있습니까?" 하고 묻는 사람이 많이 있습니다. 나는 하나님을 본 적이 없습니다. 정말 없습니다. 그렇지만 나는 마음의 눈(the eyes of my heart)을 통하여 나의 하늘 아버지이신 분을 보아왔습니다. 그분은 내가 호흡하는 공기처럼 나에게 실제적인 분이십니다. 나의 자연적인 눈(natural eyes：육안)으로 예수님을 본 적은 없습니다. 그러나 내 마음(my heart)의 눈을 통하여, 흡사 내가 그분과 만나서 그분의 얼굴을 보았을 만큼, 그분은 나에게 실제적입니다.

　그러므로 마태복음 5장 8절의 **"그들이 하나님을 볼 것임이요"**라는 곳을 읽으면 모순된 것처럼 생각됩니다. 우리가 이 죽어야 할 몸에 머무르고 있는 동안은 하나님을 볼 수 없다고 알고 있기 때문입니다. 확실히 여러분도 나도 하나님의 놀라우신 임재 앞에 서게 될 날이 오게 될 것입니다. 우리는 하나님의 얼굴을 보게 될 것입니다. 우리는 하나님 앞에서 기뻐할 것입니다. 나는 가까운 시일내 나의 천부를 만나뵙게 될 것을 조금도 의심하지 않습니다. 이 사실을 어느 누구도 뒤엎을 수 없습니다. 나는 그분을 알고 있습니다. 나는 그분을 신뢰하고 있습니다. 그분은 내 마음에 실제이시며, 나는 그분을 만나려고 합니다. 그러나 예수님이 하신 이 설교는 우리가 살고 있는 지금 이 시대, 이 땅에서의 삶에 대한 것입니다. 그분이 말씀하시는 것은 아직 육신의 몸 안에 살고 있으며, 타락하고 죽어야 할 이 몸 안에 살고 있는 우리에게 관계된 것입니다.

그렇습니다. 얼핏 보기에는 예수님의 말씀은 모순된 것처럼 보입니다. 왜냐하면 **"그들이 하나님을 볼 것임이요"**하고 그분께서 말씀하시고, 우리가 이 삶에서 그분을 볼 수 있다고 말씀하셨기 때문입니다.

빌립이 예수님께 "아버지를 우리에게 보여 주옵소서"하고 말했을 때, 예수님은 이렇게 대답하셨습니다.

"나를 본 자는 아버지를 보았거늘"(요 14:9)

빌립도, 예수님이 말씀하시고 계셨던 다른 제자들도, 아버지 하나님을 뵌 적은 없었습니다. 그렇지만 예수님이 말씀하신 것은 이런 것이었습니다.

"나에게 주목하여라. 나를 보아라. 그리고 마음의 눈을 통하여 나를 넘어서(beyond Me) 보고, 아버지를 보아라"

그리스도 안에서 하나님을 보기 위해, 마음속으로 그분을 경험해야 합니다. 그리고 자기 마음속으로 그런 영적 경험을 한번도 한 적이 없는 사람은 영적인 시력을 전혀 가질 수 없습니다. 왜냐하면 육의 눈으로 영적인 것은 보이지 않기 때문입니다.

지성도 마음의 이치를 이해할 수 없습니다. 그러므로 육안의 시력이 완벽하고 뛰어난 지성의 소유자일지라도 성경을 읽고 그리고 그것을 덮고는 "나는 전혀 알지 못하겠습니다. 나는 전혀 이해할 수 없습니다"라고 말할 수 있습니다. 그 사람의 육안의 시력으로는 어떤 나쁜데도 없습니다. 그의 지성의 눈으로는 어떤 나쁜데도 없습니다. 그의 정신상태는 정상입니다. 그는 철학자의 저작도 많은 학자들의 논문도 이해할 수 있습니다. 그런데 성경에 오면, 그는 자신의 눈만으로 그것을 읽습니다. 그는 예리한 지성의 소유자임에도 불구하고 영적인 수용성이나 이해력은 전혀 없습니다. 그의 영적 시력이 제로이기 때문입니다. 그리스도 안에서 하나님을 보기 위해서, 또 영적인 것들을 보기 위해서, 살아계신 하나님의 아들을 보기 위해서, 영적인 것들을 이해하기 위해서, 자기 마음속에서 영적인 경험을 해야만 합니다. 그 마음이 그리스도를 볼 때 그때 우리는 하나님을 보게 됩니다.

그렇습니다. 마음이 바르게 될 때, 그때 당신은 하나님을 보게 될 것입니다. 지성의 시력과 육안의 시력으로 우리는 하나님에 대한 책을 읽을 수는 있습니다. 그러나 그런 시력을 초월한 방법으로 하나님을 보게 됩니다. 당신은 자신이 신뢰해 왔던 분 안에서 알게 될 것입니다. 그때 당신은 자신의 기도가 들으신 바 되었음을 확신하고 오늘도 내일도 훨씬 그 이후에도 모든 불확실한 것 아래에는 하나님의 영원하신 손길이 있음을 확신하고 하나님의 보좌 앞에 올 수 있게 됩니다. 당신은 그분을 한 분의 인격으로서 알게 되고 당신을 둘러싸는 그분의 놀라운 임재를 알게 될 것입니다.

우리가 하나님을 어떻게 보는 가는 마음의 상태에 달려 있습니다. 성경은 사람의 마음은 무엇보다도 부패했다(렘 17:9)고 말하고 있습니다. 그러면 "하나님을 볼 수 있기"위해 어떻게 해야 마음을 정결케 하며, 자기의 혼을 깨끗이 할 수 있을까요?

이렇게 하면 됩니다! 요한복음 8장에 간음하다 현장에서 잡힌 여자 이야기가 기록되어 있습니다. 그녀는 죄의 현장에서 붙잡혔습니다. 그녀는 무엇도 말로 논쟁할 것도 없이 사람들은 거리로 그녀를 끌고 나와, 예수 그리스도 앞에 데리고 왔습니다. 그날, 그녀는 그분과 접촉했습니다. 그분은 순결한 사람들 중에서도 가장 순결하신 분입니다. 그녀는 예수님과 대면하고 그분의 놀라운 얼굴을 분명히 보았습니다. 그녀는 육신의 눈만으로 그분을 보고 있었던 것이 아니었습니다.

그녀는 자신의 귀로만 그분의 말씀을 듣고 있었던 것이 아니었습니다. 그녀는 자신의 지성으로도 그분의 말씀을 듣고 있었습니다. 그리고 마지막으로 그녀의 인생에서 처음으로 자기 마음으로 보고 있었습니다! 예수님은 그녀에게 눈을 향하시고 자신의 육안으로 그녀를 보셨지만, 그분은 그것으로 멈추지 않으셨습니다. 그분은 자신의 마음의 눈을 통하여, 그녀를 보시고 동정하셨습니다. 그 순간 그녀는 모든 애착을 그분에게 쏟아부을만큼 진심으로 그분을 사랑했습니다. 그녀는 그분을 완전히 마음속에 받아들이고, 그녀의 여러 가지 악한 욕망들은 추방되었습니다. 그리스도의 순결함으로 충만되어 그녀는 정결케 되었습니다. 그 놀라운 거듭남의 경험이 일어나고 그녀는 그리스도 예수 안에 있는 새로운 피조물이 되었습니다. 옛 것은 지나가고 모든 것이 새로워졌습니다.

    그것을 거듭남의 경험(new birth experience)이라고 부르는 사람도 있으며, 신생(regeneration)이라고 말하는 사람도 있습니다. 그러나 어떤 명칭을 붙여도 그것은 하나의 내적인 경험입니다. 이 경우 한 명의 창녀가 하나님의 시야에서 다시 처녀가 된 것입니다. 그녀는 그리스도 예수 안에 있는 새로운 피조물이 되었기 때문에 순결이 되찾아진 것입니다. 무엇이 이런 변화를 일으켰습니까? 여러분께 말씀드리겠습니다. 그녀는 예수 그리스도의 피를 통하여 마음이 정결케 되었고, 마음의 정결함으로 그녀는 하나님을 볼 수 있었습니다.

"마음이 청결한 자는 복이 있나니 그들이 하나님을 볼 것임이요"(마 5:8)

당신도 하나님을 보게 되기 위해서 그 낡은 심장이 고동치는 것을 멈출 때까지, 그 죽어야 할 몸에 죽음이 올 때까지 기다릴 필요는 없습니다. 당신은 마음의 영적인 눈을 통하여, 지금 하나님을 볼 수 있습니다.

제 7 장
화평하게 하는 자

"화평하게 하는 자는 복이 있나니 그들이 하나님의 아들이라 일컬음을 받을 것임이요"(마 5:9)

화평하게 하는 사람이 되는 것에 대하여, 잠시 생각해 보십시오. 예수님이 여기에서 말씀하신 화평의 진정한 의미가 오해되는 경우가 종종 있습니다. 그분이 말씀하시는 것은 이웃 사람들이나 가족들 사이에서, 혹은 직장 종업원들 사이에서 거래(bargain)나 교섭(negotiate)하는 듯한, 매듭짓는 역할을 하는 사람이 아닙니다. 예수님께서 화평하게 하는 사람들에 대한 이 메시지를 말씀하셨을 때, 그런 것을 생각하고 계신 것은 아니었습니다.

예수님은 어떤 것을 말씀하셨던 것일까요? 어느 저명한 영적 지도자가 다음과 같이 말했습니다만, 나는 예수님이 이 말씀을 하시는 부분에서 전하려고 하셨던 화평의 정의로서 그 이상으로 적당한 말은 발견할 수 없습니다. 나는 그 사람의 의견으로부터 인용하겠습니다.

"화평(peace)이란 전쟁이 없는 것이 아니라, 질서가 평온한 것(the tranquility of order)입니다. 질서란 여러 가지 감각을 이성에 복종시키고 몸을 혼에 복종시키며 전인격을 하나님께 복종시키는 것입니다. 화평은 자동적으로 오는 것이 아닙니다. 그것은 만들어 지는 것입니다."

세계에 평화를 가져오기 위해서 세계 여러 지도자들이 노력하고 법률을 제정하는 등 시도해 왔으며, 지금도 여전히 시도하고 있습니다. 그러나, 그들이 열심히 노력하고 그 목표를 향하여 많은 시간을 소비해도 평화로운 세상을 이루는 것은 결코 없을 것입니다.

그렇다면 평화는 어떻게 얻어질까요?

그것은 내면의 중생(inner regeneration)에 의해서 오는 것입니다. 자기 자신의 혼 안에 하나님의 평안을 가지고 있는 사람만이 그것을 다른 사람들에게 줄 수 있습니다. 나와 마찬가지로 여러분도 깨닫고 계시겠지만 이 평화야말로, 세계에서 가장 추구해 왔던 것입니다. 오늘날 사려깊고 총명한 사람으로 세계 평화를 바라지 않는 사람은 한 명도 없습니다. 모두가 세계 평화를 원하고 있습니다. 평화를 주제로 하여 쓰여진 책은 많이 있고, 출판되면 금새 몇 백만 부나 판매됩니다. 어디에 있는 사람이든, 자기 마음의 평안과 자기 삶의 평화를 구하고 있습니다. 오늘날 평화는 매우 중요한 것이 되어 있습니다.

만일 여러분이 나의 라디오 프로를 들은 적이 있다면, 내가 이제 말하려는 것을 들었던 적이 있을지도 모르겠습니다. 그것은 나에게 매우 의미심장한 것입니다. 그러므로 나는 여기서 그것을 들려 드리고자 합니다.

나는 현명한 노인을 만나러 갔습니다.
그는 매우 친절한 사람이었습니다.
"인생에서 가장 놀라운 선물은 무엇입니까" 하고 내가 물었습니다.
그는 "마음의 평안입니다" 하고 대답했습니다.
내가 위대한 의사와 만났을 때, 나는 알고 깜짝 놀랐습니다.
그가 "가장 뛰어난 약은 마음의 평안이다"고 생각하고 있었던 것입니다.
나도 친구에게 전하겠습니다.
인생의 위대한 신비를 푸는 열쇠는 마음의 평안이라는 것을 말입니다.
그들은 어떤 암흑도 물리칠 것입니다.

평화는 극히 중요합니다. 나는 평화야말로, 예수님께

서 산상에서의 설교 중 "화평하게 하는 사람들"을 더했던 이유중 하나이며 요한복음 14장 27절에서 "**평안을 너희에게 끼치노니 곧 나의 평안을 너희에게 주노라**"고 말씀하신 이유중 하나라고 확신하고 있습니다.

예수님이 말씀하셨던 그 약속에 있는 평안이란 도대체 어떤 것일까요? 우리는 모두 평안이 중요한 것이라는 사실에 동의합니다. 그렇지만 그만큼 중요하면서, 그만큼 열심히 원하고 있으면서, 열방이 그토록 열렬히 구하고 있으면서, 많은 사람들은 평화가 정확히 어떤 것인지 충분히 이해하고 있는 걸까 하고 나는 생각합니다.

나는 아무리 현명한 사람일지라도 평화의 진정한 의미를 이해하고 있지 않다고 생각합니다. 평화를 획득하려고 수십억 달러나 되는 돈이 사용되어져 왔습니다. 그것은 고귀한 일이며, 자주 분석되고 논쟁되어지는 것입니다. 그러나 우리는 평화가 어떤 것인지를 진정으로 이해하고 있는 것일까요? 그것은 인간의 마음에서 증오심을 제거하는 이상의 것입니다. 사람들 안에 있는 편견과 의심, 그리고 두려움은 비통합니다.

그렇지만 어떠한 혈청(serum)으로 무해하게 함으로 인간의 마음에서 이러한 비열한 성질을 제거할 수 있다고 해도 우리는 여전히 그 문제를 해결하지는 못할 것입니다.

평화는 생동감 있으며, 긍정적인 힘입니다. 그것은 한 가지 예로서 가장 잘 설명된다고 생각합니다.

　당신이 집의 뒷뜰이나 옆에 꽃밭을 하려고 계획하고 있는 장소를 소유하고 있다고 합시다. 그것을 효과적으로 하기 위한 가장 좋은 방법은 잡초를 모두 제거하는 것이라고 당신은 생각합니다. 그렇게 하여 당신은 시간을 들여 열심히 일을 하고, 그 조그마한 마당의 그 조그마한 터의 잡초는 모두 제거 됩니다. 잡초는 하나도 없고, 당신은 매우 만족합니다.

　당신은 이렇게 말합니다.

　"저 땅에 있는 잡초는 전부 제거 되었으므로 근사한 꽃밭이 되었다"

　틀렸습니다! 잡초를 제거해도 꽃밭이 되는 것은 아닙니다. 존재하는 것은 아무것도 자라고 있지 않는 땅 뿐입니다. 잡초는 없어졌지만 거기에 꽃이 성장할 때, 비로소 꽃밭이 됩니다. 꽃을 심지 않으면 안됩니다. 꽃밭은 자동적으로 생겨나는 것이 아닙니다.

　평화도 자동적으로 생겨나는 것이 아닙니다. 그것은 산출되는 것입니다. 나의 요점을 분명히 하기 위해 좀더 나가도록 합시다. 선지자(미 4:3)는, 우리가 무기인 칼과 창을 쳐서 고쳐 만들어야 한다고 말하고 있습니다. 그러한 것들은 보습이나 낫으로 바꾸어 만들어야 합니다. 세계에서도, 우리 마음속에서도 평화를 가지기 위해서 미움과 의심과 두려움을 근절시키지 않으면 안되며, 더구나 그런 것들 대신에, 사랑과 기쁨과 이해와 인내와 긍휼이 심어지고 경작되어야 합니다. 우리는 우리의 마음이 적극적이 되도록 해야 하며, 부정적이 되게 해서는 안됩니다. 이런 것들을 자기 마음에 심고 경작하기까지는 사랑도, 이해도, 긍휼도, 참된 기쁨도 결코 가지지 못할 것입니다.

잡초를 제거하는 것만으로는 꽃밭이 되지 않습니다. 씨앗을 뿌리기까지는 결코 꽃은 되지 않습니다. 마찬가지로 인간의 마음에서 미움과 편견이 제거된 후, 이해와 사랑, 인내와 긍휼을 심고 경작하지 않으면 안되는 것입니다.

마가복음 3장 25절에 우리에게 매우 친숙한 말씀이 있습니다.

"만일 집이 스스로 분쟁하면 그 집이 설 수 없고"

인생이 분열하는데는 세 가지가 있습니다. 만일 당신이 분열된 이 세 가지 인생 중에 어느 것인가의 삶의 방식을 하고 있다면, 당신은 생각의 평안, 혹은 혼의 평안을 얻을 수 없습니다.

먼저 우리가 조사하는 것은 내면의 자기와 외면의 자기로 나누어진, 분열된 자기 인생입니다.

여러분도 나도 인간인 이상 내면의 자기와 외면의 자기를 가지고 있습니다. 우리들 중 대부분의 사람에게는 내면의 자기와 외면의 자기의 갈등이 있습니다.

성경에 나오는 바리새인들은 이렇게 분열된 인생의 좋은 예입니다. 그들의 어떠한 활동이나 행함도, 사람들에게 보이기 위한 과시였습니다. 그들은 성도인양 행세하고 겉으로는 매우 경건한 듯 했으며, 사람들이 보거나 듣는 장소에서 장황한 기도까지 했습니다. 그들이 그렇게 했던 것은 내면이 올바르기 때문이 아니며, 그들이 성실했기 때문도 아니었습니다. 하나님이 그들의 내면에 사랑을 스며들게 하셨기 때문도 역시 아니었습니다. 그것은 사람들에게 보이기 위한 외식이었습니다. 그들은 자신이 느낀 것과 내면의 자기와는 전혀 반대인 외면을 보이려고 했던 것입니다. 그래서 그들은 위선자였던 것입니다.

오늘날의 세계도 그것과 조금도 다르지 않습니다. 세계에는 위선자들이 많이 있으며, 슬프게도, 그들중 많은 이들이 교회 안에서 보여집니다. 왜 교회 강단이 그리스도를 아는 것을 추구하는 남자와 여자들로 가득해지지 않는걸까 하고 여러분은 생각해 본 적이 있습니까? 보통 자기가 그리스도인임을 고백하는 그리스도인들을 믿지 않는 사람들이 거의 신용하지 않는 것은 왜인지 알고 싶습니까? 그것은 믿지 않는 사람들이 "거의 모든 자칭 그리스도인들에게는 자기보다 더 나은 것은 아무것도 없다"고 알고 있기 때문입니다.

믿지 않는 사람들은 그리스도인들을 보고 있습니다. 믿지 않는 사람들은 그리스도인과 같은 직장에서 일하고 있습니다. 믿지 않는 자들은 그리스도인들이 어떤 사람인지 알고 있습니다. 예수님이 지금 이 지상에 계신다면 그런 그리스도인들을 당시의 위선자들과 똑같은 부류에 넣으실 것입니다.

정직히 말씀드리지만, 만일 당신의 "내면"이 당신의 "외면"과 닮아 있지 않다면, 당신은 또 한 명의 위선자에 지나지 않습니다. 당신의 내면의 사람과 외면의 사람은 무서운 갈등을 경험하고 있을 것입니다. 왜냐하면 당신은 두 개의 인격을 가진 사람이 되려고 하기 때문입니다.

"선량한" 사람들의 자녀들 중 많은 경우, 악해진다고 믿고 있는 사람들이 있지만, 나는 그 생각에는 찬성할 수 없습니다. 물론 예외는 있지만, 일반적으로 말해, 나는 그 생각은 옳지 않다고 믿습니다.

어머니가 자신의 어린 아들을 동물원에 데리고 갔던 이야기를 여러분도 들은 적이 있으리라 생각합니다.

그 남자아이가 여러 종류의 동물을 보고 있었을 때, 자기가 잘 알지 못하는 동물을 발견했습니다. 그는 이렇게 물었습니다. "저건 뭐야?" 어머니가 대답했습니다.

"저건 삵괭이야"

그 남자아이의 다음 질문은 이러했습니다.

"엄마, 저 삵괭이와 함께 있는 저 작은 것은 뭐야?"

"저건 작은 삵괭이야"하고 그녀는 대답해 주었습니다.

같은 류는 같은 것(like)을 낳는다는 것은 자연의 법칙입니다. 말을 듣지 않는 젊은이, 범죄자가 되는 자녀들은 부모가 삵괭이이기 때문에 "작은 삵괭이"가 된 경우가 매우 많습니다!

이 세상에서 매우 경건하게 보이는 사람, 사랑으로 충만해 있는 것처럼 보이는 사람, 마음이 매우 넓어 보이는 사람, 매우 예의 바르게 보이는 사람과 우리는 모두 만난 적이 있을 것입니다. 거리에는 그런 사람들이 있습니다. 그렇지만 그러한 사람들이 자기 집에 있을 때는 야수와 전혀 다를 바 없습니다!

만일 여러분이 어떤 사람이 진정한 그리스도인이고 그리스도인으로서 합당한 삶을 살고 있는 사람인지 아닌지를 알고 싶다면 그 사람이 다니는 교회의 목사에게 물어서는 안됩니다. 그 사람의 배우자에게 물어보십시오. 그 사람의 자녀들에게 물어보십시오.

그리고 만일 당신의 내면의 삶이 당신이 외부 세계에 보여주는 것과 다르다면, 멈추어서서 지금 모든 것을 다시 시작하십시오.

그런 사람은 "나는 그리스도인입니다"라는 식으로 공언해서는 안됩니다. 그리고 진정한 당신이 아닌 어떤 것을 가장해서도 안됩니다.

내면의 자신과 외면의 자신이 분열되어 있고, 두 인격이 하나의 삶을 살아가고 있다면, 당신은 거짓된 삶을 사는 것이며, 마음에도, 혼에도 평화를 가질 수는 없습니다.

당신은 평안을 찾을 때, 그 주제에 관한 여러 가지 책을 읽을 수 있습니다. 당신은 평안(평화:peace)의 모든 면을 주의깊게 연구할 수 있습니다. 당신은 매우 학식있는 학자들의 다양한 견해를 소화할 수도 있습니다. 그렇지만 당신이 자신을 똑바로 응시하고 자신은 이중생활을 살려고 한다고 깨닫게 되고, 두 인격의 사람이 되려고 한다는 사실을 깨닫기까지는 마음과 혼의 평안을 알 수도 경험할 수도 없을 것입니다. 자기 자신에게 정직하십시오.

진심으로 정직하게 되어서 이렇게 말하십시오.

"이제부터 나는 집에 있을 때도 밖에 있을 때도 똑같은 사람이 되겠습니다. 나는 월요일부터 토요일까지,

일요일과 똑같은 사람이 되도록 하겠습니다"

많은 사람들은 일요일에 입는 옷을 장롱속에 넣을 때, 자기의 종교도 일요일용 옷과 함께 전부 넣어버립니다. 그리고 다음 주에 그 일요일용 옷을 꺼내 그것을 입기까지는 악마같은 생활을 하고 있으면서 "왜 나에게는 마음의 평안과 혼의 평안이 없는 걸까" 하고 이상하게 생각합니다.

마가복음 3장에서 예수님은 무엇이라 말씀하셨습니까? 만일 당신의 집, 당신의 성전, 당신의 인격이 스스로 분리되어 있다면 그 집은 서지 못한다고 예수님은 말씀하셨습니다.

삶이 분열되는 두 번째는 앞(forward)과 뒤(backward)를 보는 것에 의해서입니다. 내가 말씀드리는 것의 의미를 여러분은 알지 못할지도 모르지만, 잘 들어 주십시오. 하나님이 자기 형상으로 자기를 닮은 인간을 창조하셨을 때, 하나님은 인간을 앞을 바라보는 존재로서, 뒤가 아니라, 언제나 앞을 보고 있는 두 눈을 가진 자로서 창조하셨습니다. 앞을 바라보는 대신 뒤를 바라봄으로 우리는 자기 자신에게 많은 걱정과 불행, 욕구불만, 혼란, 불안을 가져오고 있습니다.

어떤 사람들은 오랫동안 앞을 바라보지 않았습니다. 나는 한 여성을 알고 있는데, 그녀는 남편이 죽은 이래 앞을 바라본 적이 없습니다. 그녀는 지금도 여전히 20년 전에 죽은 그 사람의 기억속에 살고 있습니다. 그때 이후 그녀는 앞을 바라본 적이 없습니다.

그리고 훌륭한 어머니입니다만 자기의 자녀가 죽은 이래 앞을 본 적이 없는 사람이 있습니다. 그녀는 언제나 뒤만 보면서 살아왔습니다. 그녀에게는 기쁨도 마음과 혼의 평안이 전혀 없는 것도 나에게는 놀라운 것이 아닙니다. 왜 그렇습니까? 인간은 어느 누구도 뒤를 보도록 창조되지 않았기 때문입니다.

우리들 가운데 많은 사람들은 그것과 정반대로 행하고 있습니다. 우리는 앞을 바라보는 대신, 끊임없이 과거를 생각하고 있습니다. 과거 속에 사는 것만큼 간단한 것은 없는 것처럼 생각됩니다. 우리가 과거 속에서 살고 있다면, 여러 가지 미련이 남아있고 그것은 이후로도 계속 존재할 것입니다.

상처받은 감정이 영양을 공급받고 있음을 볼 수 있습니다. 불공정하다는 생각이 있을 것이고, 매장하고 망각해야 할 것을 기억하고 있을 것입니다. 우리는 과거를 멀리 내보내는 것은 마음이 내키지 않는 것이며, 미래를 향하여 살기 시작하는 것을 주저하고 있습니다. 그 결과, 기쁨과 모험 대신에 우리는 양심의 고통만 알고 있으며, 또 우리는 결코 마음의 평안을 가지지 못합니다.

내가 말하는 것이 당신에게 해당하는 것이라면, 당신

에게 경고하겠습니다. 당신은 과거를 매장하고 미래를 향하여 새롭게 시작하기 전까지는 혼의 평안을 결코 알 수도 가질 수도 없습니다.

매주 하루, 우리가 결코 괴로워하지 말아야 할 날이 있습니다. 그날은 바로 "어제"입니다. 실수해버린 '어제', 걱정거리와 실패와 잘못을 저질러버린 일이 있는 '어제'입니다. '어제'는 어제의 아픔들, 어제의 고통들, 그리고 어제의 슬픔들과 함께 지나가 버렸습니다. '어제'는 영원히 지나갔습니다. 그것은 우리의 영역을 초월한 것입니다. 어제는 과거의 역사가 되었습니다.

만일 내가 내 인생의 많은 '어제'들 안에서 사는 것에 만족하고 있었다면, 나는 패배의 삶을 살았을 것입니다. 나는 "어느 누구도 나만큼 많은 실수를 한 사람은 없다"고 생각합니다. 아, 정말이지 엄청난 실수를 해왔습니다! 내가 뭔가 실수를 할 때는 큰 실수를 합니다! 나는 사소한 것으로 시간을 낭비한 것은 지금까지 한 번도 없습니다. 나의 실수들에 대해서도 그렇습니다. 내가 실수할 때마다 앞을 보는 것을 멈추고, 뒤를 보는 삶을 시작하고 있다면 오늘날의 나는 결코 없을 것입니다. 나는 인생에서 그러한 여러 가지 비극적인 실수와 실책들을 예수 그리스도의 피로 덮고나서 전진해 왔습니다. 그리고 지금도 나는 그렇게 하고 있습니다! 나는 나의 실수로 슬프게 탄식하며 버둥거리는 대신 하나님의 용서를 구합니다. 나는 하나님의 안경을 끼고 있습니다. 하나님의 렌즈를 통하여 보면 앞이 보입니다. 내 눈의 초점은 지금까지의 것들에 맞추어져 있는 것이 아니라 나의 두 눈은 장래의 목표를 바라보고 있습니다. 나는 앞을 보고 있으며, 나의 생각은 "나는 내일 하나님을 위해 무엇을 할 수 있을까"하는 것에 집중해 있습니다.

그러므로 사랑하는 여러분, 사람을 미치게 하는 것은 "어제"의 경험이 아니라, 지금 여전히 달라붙어서 떨어지려고 하지 않는 "어제"에 대한 자기 연민와 비통함이라고 나는 배워 왔습니다. 자기의 눈을 내일의 가능성과 달성할 수 있는 성공에 고정시키는 대신, "어제"의 문제나 실수에 구애받으면서 살고 있다면, 어느 누구도 마음의 평안과 혼의 평안을 가지지 못합니다.

삶이 분열되는 세 번째 방법이 있습니다. 그것은 흔들리는 성격(the higher and the lower natures)에 의해서입니다. 한가지 예를 제시해 드리겠습니다. 나는 젊은 시절부터 설교를 시작했습니다. 내가 초년시절에 했던 설교중 하나는 열왕기상 18장에 기록되어 있는 엘리야에 대해서였습니다. 나는 십대였지만 이 메시지는 나에게도 감동을 주고, 나의 인생에 깊고 영속적인 영향을 미쳤습니다.

갈멜산 정상에서 사람들 앞에 서서 탄원하고 있는 엘리야의 모습을 마음속으로 그려보십시오. 그의 탄원이 그들에게 격분하고 있는지, 그들에게 도전하고 있는지 나는 알지 못합니다. 그러나 나는 그가 사람들에게 무엇이라고 말했는지는 알고 있습니다. 그는 이렇게 말했습니다.

"너희가 어느 때까지 둘 사이에서 머뭇머뭇 하려느냐"
(왕상 18:21)

다른 말로 엘리야는 이렇게 물었던 것입니다.
"너희는 언제까지 우유부단하고 있겠느냐? 결심하여라. 만일 여호와가 하나님이시라면 그분을 따르라. 그러나 만일 바알이 하나님이라면 그를 따르라. 두 사이에 어느 것인가 택하라. 너희는 스스로 하려는 것을 결심하라. 너희가 하나님을 따르기로 선택한다면, 그리고 하나님이 친히 주장하고 계신 그대로의 분이라면, 모두 하나님을 위해 전진해가라. 만일 너희가 바알을 따르기로 선택한다면, 너희의 기쁨의 깃발을 가방에 쑤셔넣고, 그를 따르라. 너희는 마음을 정하고 주저하기를 멈추고, 우유부단을 멈추어라"

야고보서에 이렇게 기록되어 있습니다.

"의심하는 자는 마치 바람에 밀려 요동하는 바다 물결 같으니 이런 사람은 무엇이든지 주께 얻기를 생각하지 말라"(약 1:6-7)

우유부단한 상태를 계속 유지하고 있는 사람은 누구든지 뭔가를 결코 이룰 수 없으며, 뭔가 뛰어난 사람이 되는 경우는 결코 없습니다.

당신이 성공적인 그리스도인이 되기로 작정한다면, 우선 해야 할 것은 하나님을 위하여 견고하게 서기로 결심하는 것입니다. 어떤 일이 일어나도, 무엇이 닥쳐와도, 강물이 아무리 깊을지라도, 싸움이 아무리 크고 격렬해도, 굳게 서기로 결심하는 것입니다. 그리스도인으로서 당신에게 우선 먼저 요구되는 것은 하나님을 따른다는 요동함 없는 결심입니다. 당신은 당신의 마음에 결정해야 합니다. 결단코 우유부단한 채로 서 있어서는 안 됩니다.

완전히 하나님을 위해 살기로 결심하고 있는 사람에게는 충만케 해주는 내적인 평안이 존재합니다. 그러나 결심하지 않고 있는 사람, 지나치게 조심성이 많은 사람, 날마다 동요하는 사람은 비참하고 고통스런 인생을 살고 있습니다. 그런 사람은 하나님과 함께 뭔가를 성취하지 못합니다. 야망만으로는 충분하지 않습니다. 야망의 배후에는 결심이 따라야 합니다.

2000년 전 예수님은 이렇게 말씀하셨습니다.

"한 사람이 두 주인을 섬기지 못할 것이니"(마 6:24)

그러나 우리는 아직 배우지 못했습니다. 당신은 마음의 평안을 원합니까? 당신은 모든 이해를 초월한 그 놀라운 내적인 평안을 갖길 원합니까? 하나님의 평안은 당신의 이해를 훨씬 초월한 것입니다. 당신이 이해할 수 없을 때도, 당신이 볼 수 없을 때도, 내적인 마음의 평안과 혼의 평안은 여전히 머물러 있습니다. 그것은 외부에서 뭔가가 충돌해 올지라도, 요동하지도 않고 방해받지도 않습니다.

당신은 그것을 갈망합니까? 그렇다면 하나님을 섬기고 하나님만을 섬기기로 결심을 오직 한 번 단호하게 하십시오.

제 8 장
의를 위하여 박해를 받은 자

지금까지의 장(章)에서 우리는 그리스도인으로서의 생활에 관계된 일곱가지의 풍성을 보아 왔습니다. 그것은 지상에서 하나님 나라의 모델이었습니다. 그리고 이번은 여덟 번째입니다.

"의를 위하여 박해를 받은 자는 복이 있나니 천국이 그들의 것임이라"(마 5:10)

우리가 그리스도인으로서 살아가려고 한다면 희생이 따른다는 것이 여기에서 명백해집니다. 그렇지만 이러한 품성들이 매일의 삶에서 보이지 않는다면, 전혀 가치가 없습니다.

여기서 잠시 멈추어서서 이 주제에 관계없어 보이는 것을 말씀드리고자 합니다. 그렇지만 그것은 여러분이 매우 중요한 진리를 이해하는데 도움이 되는 것입니다. 아시다시피 사람들은 하나님에 관한 것에 오게 되면 어딘가 먼 곳의 이야기처럼 생각합니다. 보통 사람이 하나님에 대해 생각하는 것에 나는 놀라게 됩니다. 그는 하나님을 영적인 생활 밖에는 관심이 없는 분이라고 생각합니다. 사람은 하나님이 위대하신 창조자이심을 인정하며 "자연의 행위(nature at work)" 안에서 하나님의 권능을 봅니다. 그렇지만 우리가 생각하고 있는 하나님은 실제의 하나님과는 꽤 다르다고 생각합니다.

 당신은 하나님이 우리들 한 사람 한 사람의 인생에 관심을 가지고 계신다는 사실을 깨닫고 있으신지요? 당신은 하나님께 중요한 존재입니다. 하나님은 우리에게 사후의 영원한 생명을 약속해 주셨지만, 우리가 그리스도 예수 안에서 상속받는 것을 사용하는데, 죽을 때까지 기다리고 있을 필요는 없습니다. 여러분도 나도 이 지상에서 놀라운 장래를 가지고 있습니다. 하나님이 가지고 계신 계획은 우리의 기쁨을 위한 것이고, 우리의 매일의 생활을 위한 것이며, 하나님이 준비하신 것을 우리가 지금 이 지상에서 사용하기 위한 것입니다.

 하나님의 자녀들 중 누군가가 거지나 빈곤에 쪼들리는 사람이 되거나, 혹은 패배의 인생을 사는 것은 결코 하나님의 계획은 아니었다고 나는 확신합니다. "나는 거듭났으며, 하나님의 자녀입니다"라고 말은 하면서, 그런 패배의 삶을 살아가고 있는 사람들에게 나는 불쾌감을 느낍니다. 나는 불쾌감이라는 말을 사용하는 것을 사과할 생각은 전혀 없습니다.

만일 내가 불신자여서, 하나님께 대한 것과 영적인 것을 일부의 자칭 그리스도인들에 의해서 밖에 알 수 없다고 한다면, 나는 결코 그리스도인은 되지 않을 거라고 생각합니다. 그들의 생활에는 도전을 주는 것도, 적극적인 것도, 아름다운 것도 전혀 없습니다.

그들이 영위하고 있는 하나님과의 생활에는 "하나님은 살아 계신다"고 나를 믿도록 하는 것이 아무것도 없고, "하나님은 하늘과 땅에서 모든 권세를 가지고 계신 분이다"고 나를 믿게 하는 것도 아무것도 없으며, "하나님은 강력한 승리자이시다"고 나를 믿게 하는 것도 전혀 없습니다.

하나님의 자녀인 그들이 그런 패배의 인생을 살고 있는데 어떻게 그들의 천부가 이 우주의 전능자시라고 말할 수 있겠습니까?

당신이 그런 사람을 거리에서 만나게 되면, 우선 먼저 듣게 되는 것은 그들의 모든 곤란이나 시련에 관한 장황한 리스트입니다. 정직히 말씀드리겠습니다. 큰 소리로는 말할 수 없지만, 그들의 얼굴에 "패배"라고 기록되어 있는 것이 보이고, 그들의 태도로부터는 "하나님은 죽었다"라는 메시지가 보여집니다.

여러분은 나를 "그것은 모독에 가까운 발언이다"고 비난할지도 모르겠지만, 그러나 나는 "그런 패배의 생활을 하고 있는 사람들이야말로 하나님을 모독하고 있는 사람들이다"고 믿습니다.

　그들은 예수님이 자기들을 위하여 대가를 지불하고 사신 상속물을 자기 것으로 받아들이지 않습니다. 우리가 거듭날 때, 우리가 그리스도를 자신의 구주로서 받아들이고 그리스도인이 될 때, 이 우주의 강력하신 하나님이 자동적으로 우리의 천부가 되어 주십니다. 그 순간 우리는 확실히 하나님의 상속인이 되고, 하나님의 아들과 공동 상속인이 됩니다.

　여러분은 어떻게 생각합니까?

　어떤 사람이 돌연 막대한 유산을 상속받았습니다. 그 결과 막대한 돈을 자기의 생각대로 할 수 있게 되었습니다. 그렇지만 그 사람은 자기의 은행구좌에서 한푼도 인출하지 않았습니다. 그는 전 재산을 은행에 잠들게 해둔 채로 패배와 절망과 곤궁과 굶주림 중에 있었습니다. 그가 입고 있는 옷은 등짝이 헤어져 있었습니다. 그는 계속 "오두막"에서 생활했고 근처의 사람들은 그가 너무나도 가난하기 때문에 그를 가엾게 생각할 뿐이었습니다. 그러나 그는 실상 가난하지 않았던 것이었습니다! 그는 부유했습니다! 그는 100만 달러의 가치가 있는 유산을 상속받았으며, 그는 백만장자의 정당한 권리가 있었습니다. 그 돈은 모두 그의 것이었지만 그는 가난에 허덕이는 삶을 살았습니다. 왜냐하면 그 은행 구좌는 틀림없이 그의 것이었는데 그는 돈을 인출하지 않았기 때문입니다. 자기 소유인 것을 자기의 소유로서 사용하지 않았기 때문에 그는 가난한 생활을 계속했습니다.

당신이 그리스도인이라면 당신은 하나님의 눈에 대단한 인물로 보여집니다. 당신은 하나님의 상속인입니다. 지금, 거울이 있는 곳으로 가서 자기 자신을 보십시오. 당신은 왕의 자녀들 중의 한 사람. 하나님의 상속인처럼 보입니까? 당신은 왕의 자녀처럼 행동하고 있습니까? 하나님의 상속인이 당신이 말하는 식으로 말하고, 당신이 하고 있는 패배의 생활을 합니까?

그리스도인의 삶을 산다는 것은 이 세상에서 가장 실제적인 것입니다. 하나님은 자기의 자녀들 중 가장 작은 자조차도 패배와 낙담과 의기소침의 삶을 살아가도록 결코 뜻하신 적이 없습니다.

나는 이 "의기소침한(depressed)"란 말을 인간의 어휘에서 제거할 수 있다면 좋을 텐데 하고 생각합니다. 왜인지 이해하시겠습니까? 만일 당신이 "나는 하나님 나라에 속해 있습니다. 나는 하나님 자녀들 중 한 사람입니다"라고 말한다면 정당한 권리로서 당신의 것이 되어 있는 것을 기록해 보도록 권유합니다.

가슴을 펴고 "나는 하나님의 것입니다"라고 말해 보십시오. 아가서 2장 16절에서 "나는 그에게 속하였구나"라는 말을 발견했던 날을 나는 결코 잊을 수 없습니다. 나는 지금 내 마음을 모두 드러내고 여러분들에게 말씀드리고 있습니다. 실제로 그것은 매우 단순한 것입니다. 여러분도 원하신다면 그것을 시도해 보시길 권합니다.

여러분도 아시다시피 나의 책임은 엄청나고 내가 지고 있는 짐은 매우 무거울 때가 있습니다. 여러분이 기도를 필요로 할 때는 나에게 오거나 목사님께 가거나 합니다. 그렇지만 내가 기도를 필요로 할 때 내가 가는 사람은 하나님외에는 아무도 없습니다. 나는 이 사역의 책임을 지고 있습니다. 나는 많은 문제에 직면하여 한밤중에도 잠들어 있지 않을 때도 있습니다. 내 짐의 모든 중량과 내가 지고 있는 짐이 나를 압박해 오며, 그것은 매우 무거운 것입니다.

그렇지만 나는 침대 안에서 고민하면서 이리저리 뒤척이는 대신에 나는 일어납니다. 여름이면 나는 아무에게도 보이지 않는 뒷뜰로 갑니다. 들려오는 것은 귀뚜라미의 울음소리와 작은 새의 울음소리 뿐입니다. 밤의 어둠속에서, 나는 위를 올려다봅니다. 나는 두 팔을 가능한 한 넓게 벌립니다. 나는 가슴을 폅니다. 나는 위를 올려다보면서 똑바로 섭니다. 나는 얼굴을 듭니다.

가능한 한 깊이 숨을 들이쉬고, 이렇게 말합니다.

"나는 그분께 속하였다"

나는 소리를 내어 그것을 말합니다. 여러분은 뒷뜰에 가지 않고도 부엌이나 거실, 혹은 여러분의 침실에서 설 수 있습니다. 위를 쳐다 보십시오. 목소리를 내어서 이렇게 말하십시오.

"나는 그분께 속하였다"

다시 한 번 더 말해 보십시오. 그 말씀이 당신의 존재 속에 살아있는 일부가 될 때까지 그것을 반복하십시오. 당신이 하나님 나라에 속해 있는 것 뿐만이 아닙니다. 하나님의 나라도 당신에게 속해 있습니다. 왜냐하면 당신은 그분의 것이기 때문입니다.

당신은 염려할 필요가 없습니다. 당신은 어느 것도 두려워 할 것은 없습니다. 당신은 짐을 스스로 혼자서 지고 있는 것이 아닙니다. 당신은 혼자서 그것을 질 수 없는 것도, 당신이 가지고 있는 짐의 중량으로 당신이 허물어져 버리는 것도 하나님은 알고 계십니다.

그러한 문제는 실상 당신의 문제가 아닙니다. 그 짐들은 하나님의 문제입니다. 그러므로 당신은 방향을 바꾸어 침대로 돌아가 누워 수면을 취하십시오. 당신은 그 책임을 당신의 하늘 아버지이신 하나님께 넘겨 드렸습니다. 그렇습니다. 당신에게는 이후로도 여러 가지 문제와 곤란이 있을 것입니다. 다양한 역경에 직면하고, 여러 가지 부딪히는 일들이 있을 것입니다. 그리스도인으로서 당신의 삶에는 싸움이 있습니다. 그렇지만 이것을 기억해 주십시오. 예수님은 자기를 따르는 자들에게 안락한 삶을 결코 약속하시지 않으셨습니다. 장미빛 침대와 같은 안락한 삶을 결코 약속하신 적이 없습니다.

오히려 예수님이 말씀하신 것은 자기 부인과 십자가, 그리고 잔이었습니다. 그분은 싸움터와 싸움에 대해서 말씀하셨습니다.

하나님의 나라에 들어가기 위해 단호한 결단과 핍박을 초래하게 할 수도 있는 헌신이 요구되며, 그외에도 길이 없는 어쩔 수 없는 상황이 있을지도 모릅니다.

그 어머니가 자신의 두 자녀를 위해 예수님께로 왔을 때, 그녀는 자기 아들들이 그분의 나라에서 그분의 양옆에 앉을 수 있도록 구했습니다(마 20:21-22). 예수님의 대답은 이러했습니다.

"자리를 주는 것은 나의 일이 아니다. 너희가 나를 따른다면 앉아 있을 시간 같은 건 없단다. 오히려 마셔야 할 잔이 있으며, 져야할 십자가가 있단다. 나를 따라 오려면 자기를 부인하여야 하느니라"

예수님이 말씀하신 것은 자기부인이며, 죽음을 가져오는 십자가였습니다. 하나님의 나라에 들어가기 위해서는 결단이 요구되며, 헌신이 필요합니다. 더구나 그렇게 결단했기 때문에, 또 그렇게 헌신했기 때문에 박해받게 될지도 모르는 것입니다.

"자기를 부인하고 자기 십자가를 지고 나를 따를 것이니라"(마 16:24)

서머나 교회에 이런 명령이 주어졌습니다.

"네가 죽도록 충성하라"(계 2:10)

사도 요한이 말한 것은 단순히 우리가 죽음을 맞이할 때까지만을 의미하는 것이 아니라, 죽음에 넘기워질지라도 충성하라는 의미였습니다. 이 동일한 명령에 대한 우리 나름대로의 표현은 이렇습니다.
"당신은 죽음 당하기까지 충성하십시오!"
전진하는 것이 쉬우며, 태양이 내리쬐이고 있을 때 뿐만이 아니라, 어떤 상황에서도 충성하십시오.

그러므로 일관성 없는 그리스도인의 삶을 살아가는 사람들이 많습니다. 교회에 있는 동안, 그들은 온 세상을 삼켜버릴 듯합니다. 그들은 다른 사람들보다 좀더 큰 목소리로 찬송을 부릅니다. 그들은 다른 사람들보다 좀더 장황하게 간증을 합니다. 그들은 다른 사람들보다 좀

더 많이 이야기 합니다.

그렇지만 그들이 교회 예배에서 돌아와 월요일 아침을 맞기까지의 동안에 뭔가가 일어납니다. 뭔가가 새어나가 없어져 버립니다.

월요일 저녁 무렵, 그들을 만나보면, 그들의 얼굴에서 그 빛이 지워져 있습니다. 그들의 웃음은 사라지고 없으며, 그들의 어깨는 축 늘어져 있습니다.

사도 요한은 우리가 죽게 될지라도(if it kills us) 충성해야 된다고 말했습니다. 어떤 괴로움을 경험할지라도, 어떤 박해가 있다해도 충성해야 합니다. 최초의 박해가 오는 순간에 승리를 잃어버리는 사람들이 있습니다.

"사람은 자기의 생명을 걸 가치가 있는 것을 발견하기까지, 진정한 삶을 살고 있는 것은 아님"을 나는 나의 온 존재를 다해 진심으로 믿습니다. 우리는 인생의 목적과 목표를 가져야 합니다. 우리는 "살만한 가치도 있고 죽을만한 가치도 있는(worth living for, and dying for) 것을 발견해야 합니다.

어떤 사람들은 근근이 매일의 생계를 꾸려가는 생활을 하고 있을 뿐입니다. 그 결과 그들은 정부로부터 보조받는 것으로 만족하고 있으며, 참된 목적은 아무것도 없습니다.

한 가지 요점을 증명하기 위해 거의 모든 사람들이 알

지 못하는 것을 말씀드리겠습니다.

전에 내가 라디오에서 방송을 하고 있었을 때, 국제적으로 유명한 큰 회사의 대표자가 그 라디오 방송국 안으로 걸어 들어왔습니다. 그는 나를 만날 수 없었으며, 내가 누구인지도 알지 못했습니다. 그러나 내가 방송하고 있는 동안 그는 내 목소리를 듣고 있었습니다. 그는 방송국 매니저 쪽을 향해 말했습니다.

"우리 회사에서 그녀를 사겠습니다. 그녀의 이름에 합당한 가격을 말해주시오. 그녀는 내가 지금까지 목소리를 들었던 중에 가장 뛰어난 세일즈 우먼입니다. 그녀가 누구이든 그녀를 살테니까 그녀의 이름에 합당한 가격을 말해주시오!"

그는 내가 설교자이라고는 꿈에도 생각지 못했습니다. 라디오 방송국의 매니저가 그 사실을 나에게 말했을 때, 나는 웃고 말았습니다. 왜 내가 웃었냐구요? 나는 나만큼 서투른 세일즈 우먼을 아무도 본 적이 없다는 사실을 알고 있기 때문입니다.

그 비즈니스 맨은 내가 팔고 있는 제품에 "내가 열중하고 있다"(직역: "내가 팔려지고 있다")는 이유만으로 나를 슈퍼 세일즈 우먼으로 믿어버린 것입니다!

그렇습니다. 나는 주 예수 그리스도께 열중해 있습니다! 나는 내가 믿고 있는 분에게 열중하고 있습니다! 나는 생명을 걸 가치가 있는 것을 찾았습니다. 당신은 당신의 생명보다도 하나님을 위해 사는 편이 중요하게 될 때까지, 하나님 나라를 진정으로 당신의 것으로 하는 것은 정녕 불가능합니다.

내가 말씀드리는 것을 믿어주십시오. 그것은 진실입니다.

당신의 생명보다도 그리스도를 위해 사는 것이 더욱 중요하게 될 때까지 당신은 결코 감동도, 도전도, 당신이 상속받고 있는 것을 충분히 알 수도 없을 것입니다. 하나님과 하나님의 일들이 당신 자신의 생명보다도 당신에게 귀중한 것이 될 때까지는 예수님이 당신에게 완전히 실제적인 분이 되는 경우는 결코 없으며, 또 예수님이 이 위대한 설교 중에서 말씀하신 이 놀라운 하나님의 나라를 진정으로 당신의 것이 되게 하는 것도 불가능합니다.

제 9 장
소금과 빛

"너희는 세상의 소금이니 소금이 만일 그 맛을 잃으면 무엇으로 짜게 하리요 후에는 아무 쓸 데 없어 다만 밖에 버려져 사람에게 밟힐 뿐이니라 너희는 세상의 빛이라 산 위에 있는 동네가 숨겨지지 못할 것이요 사람이 등불을 켜서 말 아래에 두지 아니하고 등경 위에 두나니 이러므로 집 안 모든 사람에게 비치느니라 이같이 너희 빛이 사람 앞에 비치게 하여 그들로 너희 착한 행실을 보고 하늘에 계신 너희 아버지께 영광을 돌리게 하라"(마 5:13-16)

우리는 마태복음 5장에 대한, 이 시리즈의 마지막에 다가오고 있습니다만, 우리가 간과하기 쉬운 것이 있습니다. 즉, 예수님이 그날 말씀하신 이 위대한 설교를 맨 처음 11절이나 12절까지와, 그 뒷부분으로 나누는 것이 불가능하다는 것입니다. 우리가 이 마태복음 5장을 생각할 때는 지복(Beatitudes)의 메시지라고 불리는 맨처음 11절에서 12절에 있는 예수님의 설교를 언제나 생각합니다. 그러나 예수님이 그 산 위에서 말씀하셨던 나머지의 설교도 맨처음 부분과 동일하게 중요한 것이라는 사실을 인정해야 합니다.

우리는 지금 하나님의 자녀들입니다. 이 지상에서 그리스도인으로서 우리의 삶은 중요합니다. 솔직히 말씀드리지만, 나는 이 지상에서 주님을 위해 해야 할 것들이 매우 많이 있어서, 천국을 생각할 시간도 그다지 없을 정도입니다. 그러나 나는 내가 향수병에 걸릴 때도 있다는 사실을 인정하지 않으면 안되겠습니다. 천국에서 나를 기다리고 있는 아버지와 어머니를 생각할 때는 특히 그렇습니다. 나는 내가 사랑하는 모든 이들과 다시 만나게 될 그 놀라운 때를 생각합니다.

나는 예수님을 뵈옵고, 얼굴과 얼굴을 마주보며 예수님을 뵙고 싶은 갈망이 안에 있습니다. 우리 모두는 그런 의미에서 천국에 대해 생각하리라 추측해 봅니다.

그렇지만 내가 "나는 천국에 도착하는 그날을 위해 살고 있습니다. 그리고 나의 생활에서 언제나 천국의 실제를 의식하고 있습니다"라고 말한다면, 그것은 진실이 아닙니다. 나는 그러한 생활을 하고 있지 않습니다. 나에게는 이 지상에서 해야 할 큰 일이 있습니다. 지금 주님을 위해 해야 할 것이 많이 있습니다!

확실히 천국이 존재하고, 하나님의 은혜로 나는 언젠가 그곳에 갑니다. 그렇지만 나에게는 하나님의 교회의 일원으로서 해야할 일이 있으며, 그리스도의 몸의 일원으로서 해야 할 사역이 있습니다. 나는 그분을 대표하고 있는 사람입니다. 나의 책임은 큽니다. 그분이 내 앞에 두신 기회들은 놀랍습니다. 그리고 나는 매순간 순간을 소중히 해야 합니다.

 나는 여러분들 중 거듭난 분들에게 도전을 드립니다. 지금 여러분의 것으로 되어 있는 중대한 책임을 깨달으십시오.
 하나님을 위해 바빠져야 합니다. 나는 진심으로 이것을 말씀드립니다. 이 그리스도인이라는 사실은 중요한 것이며, 당신이 "내게는 행해야 할 큰 일 같은 것은 없다"고 생각하고 있다면 당신에게 주의를 환기시켜 드리고 싶습니다.
 당신도 나도 지금 이 지상에서 예수님께서 스스로 하실 수 없었던 일을 해야 합니다. 당신은 내가 이상한 말을 하고 있다고 생각할지도 모르겠지만, 끝까지 들으시면 동의하게 될 것입니다. 나보다 더 예수님의 권능을 믿고 있는 사람은 없습니다. 하나님께서 이 세상을 존재하도록 하셨을 때, 삼위 일체의 세 위격 모두가 참석해 계셨습니다. 예수님이 십자가에 달리시고, "다 이루었다"고 외치셨을 때, 그분이 천사의 군단을 불러서 자신의 명령을 실행시키려고 생각하셨다면 그것은 가능했습니다. 예수님의 명령으로 천사들은 예수님을 십자가에서 내렸을 것입니다. 예수님이 명령하면 그분의 원수들은 죽음 그 자체로 강타를 당할 수도 있었습니다. 생명을 주는 것도 취하는 것도 그분의 권세 안에 있는 것이었으며, 지금도 여전히 그렇습니다.

그럼에도 불구하고 예수님이 하실 수 없었던 한 가지가 있었습니다.

그분은 지극히 높으신 상태(highest state)에서 완벽하시다는 사실에 모두가 동의할 것입니다. 그분은 마치 하나님이 아니신 것처럼 인간이셨습니다. 또한 그분은 마치 인간이 아닌 것처럼 하나님이셨습니다.

그렇지만, 죄가 하나님 아들의 인격에 접촉한 적은 결코 없었습니다. 그분의 발자국을 낮에도 밤에도 들개처럼 추적하여 그분의 피에 굶주려 있던 유대인들은 가장 조그마한 죄를 빌미로 해서라도 그분을 체포할 목적으로 예수님의 움직임을 언제나 감시하고 있었습니다. 그 유대인들로부터 질문을 받았을 때, 예수님을 뒤돌아보시고 이렇게 말씀하셔서, 그들에게 도전하셨습니다.

"너희 중에 누가 나를 죄로 책잡겠느냐"(요 8:46)

어느 누구도 예수님의 생활에 어떠한 죄도 지적할 수 없었습니다. 그분은 절대적으로 완벽하신 분이셨기 때문입니다.

  나는 예수 그리스도의 위대한 권능을 아주 잠시 동안이라도 과소평가하거나, 축소하는 것은 하지 않습니다. 그렇지만 그분은 완벽하고, 한번도 죄를 범하신 적이 없기 때문에, 잃어진 상태의 죄인들에게 친히 흘리신 피가 사람들을 변화시키는 능력이 있음을 자신의 삶으로서 나타내 보여줄 수 없었습니다.

  사람들이 예수님을 쳐다보았을 때, 예수님은 "나도 죄를 범한 사람이다. 하나님의 아들이 흘리신 피에는 사람을 변화시키는 능력이 있다는 사실을 나의 삶이 보여주고 있단다"라고는 말씀하실 수 없었던 것입니다. 그것이 예수님께서 하실 수 없었던 한 가지였습니다.

  예수님이 성부 하나님의 우편에 앉으셨을 때, 그분은 이 큰 책임과 특권을 여러분과 내가 실행하도록 남겨 놓으셨습니다.

  우리 그리스도인들의 증거야말로 어떤 거듭난 사람의 생활에서도 가장 강력한 능력입니다. 만일 당신이 거듭난 신자라면, 만일 당신이 그리스도인이라면 당신의 직장에서 함께 일하고 있는 사람들이 보게 되는 유일한 그리스도는 당신 뿐일지도 모릅니다. 이제 이해하시겠습니까? 사도 바울은 그것을 알고 있었습니다. 그러므로 그는 이렇게 말했습니다.

"내게 사는 것이 그리스도니"(빌 1:21)

그가 의미했던 것은 자기가 길을 걸어가거나 다른 사람들과 교제하는 것도 그리스도를 드러냄이라는 것입니다. 그리고 나도 동일하게 그리스도를 여러분 앞에 드러내고, 여러분은 나의 삶에서 그분을 볼 수 있게 되어야 합니다. 이것이 바로 그리스도인 한 사람 한 사람의 책임입니다. 우리는 눈에 보이는 그리스도의 교회입니다.

거리를 걸어가는 사람들에게 보이는 것은 많은 교회 건물들인데 사람들이 예배드리기 위해 모이는 장소입니다. 그러나 눈에 보이지 않는 교회가 있습니다. 그것은 거듭나서 그 교회에 포함된 사람들로 구성되어 있습니다. 많은 교파의 사람들도 그 안에 있습니다. 예수님이 말씀하시는 "나의 교회"란 눈에 보이지 않는 교회입니다. 그리고 여러분과 내가 헌신적인 삶을 살아갈 때, 비로소 그 눈에 보이지 않는 교회를 올바르게 나타낼 수 있게 됩니다.

사랑하는 여러분, 그리스도인으로서 당신의 영향력을 결코 과소평가하지 말아 주십시오. 그 영향력은 큽니다!

다시 마태복음 5장 13절로 돌아가서 산기슭에 앉아있던 군중들에게 하셨던, 예수님의 걸작 설교를 계속 보겠습니다.

"너희는 세상의 소금이니"라고 그분께서 말씀하셨습니다. 그렇습니다. 군중들이 예수님 앞에 앉아 있었지만, 이러한 말씀이 군중들 모두를 향해서 말씀하셨던 것이 아님은 명백합니다. 예수님이 이러한 말씀을 하셨던 것은 군중들 가운데서, 그분 설교의 맨 첫부분의 조건을 충족시킨 사람들과 장래에 - 오늘 - 그러한 조건을 충족시키게 될 사람들에게였습니다.

거듭나는 것은 놀라운 것입니다. 거듭남이야말로 천국에 들어가는 유일한 조건입니다. 당신이 예수 그리스도를 자신의 구주로서 영접했다면 당신이 가장 연약한 그리스도인일지라도, 천국에 가게 됩니다. 그러나 그것뿐입니다. 당신은 구원의 기쁨도, 지금 이 지상에서 하나님 나라의 일원으로서 맛보게 되는 전율도 모두 잃어버리게 될 것입니다. 당신은 "세상의 소금"이라고 불려지는 사람들 중 한 명으로 계수될(to be numbered) 영광스러운 기회들을 잃어버리게 될 것입니다.

그러므로 나는 내가 처음에 말한 내용으로 당신을 데리고 돌아가도록 하겠습니다. 왜냐하면 예수님 설교의 나머지로부터 지복(Beatitudes)의 메시지만을 분리할 수 없기 때문입니다.

 예수님은 설교의 처음에 지복의 메시지를 말씀하셨습니다. 왜냐하면 우리가 심령이 가난한 자가 되어, 온유를 배우고 마음이 청결한 사람이 될 때만이 다른 사람들에게 손길을 뻗칠 수 있게 되기 때문입니다. 그러한 사람들은 눈에 보이지 않는 교회를 진실로 대표하고 있는 사람들이며, 그들의 영향력은 하나님께 중요합니다. 당신이 긍휼이 많은 사람이 아니라면, 당신이 마음을 청결한 사람이 아니라면, 당신이 화평하게 하는 사람들 중 한 명으로 계수되지 않는다면, 당신이 의에 주리고 계속 목말라 있지 않다면, 당신은 이 "세상의 소금"이 될 수 없습니다.

 사람은 자신이 品성에 소금을 가질 때, 비로소 하나님을 위하여 동세대(同世代)의 사람들에게 영향을 미치는 인물이 될 수 있습니다. 사람이 다른 사람의 길에 비출 수 있다는 것은 자기 안에 빛을 가지고 있을 때 뿐입니다. 사람은 자신이 가지고 있는 이상의 것을 누군가 다른 사람에게 주는 것은 불가능합니다. 복음 사역자로서 나는 내 자신이 경험해 온 것보다 더 큰 영적인 깊이를 회중들에게 주는 것은 불가능합니다. 당신이 목사라면 다음의 사실을 기억해 주십시오. 당신의 회중들에게 하나님을 실제적이 되게 하는 것은 당신의 말이 얼마나 유창한가, 당신의 지식이 어느 정도인가, 학위를 가지고 있는가 하는 것이 아닙니다. 당신이 강단에 설 때, 당신 자신이 지금 가지고 있는 것보다 더 큰 영적 깊이를 당신 교회의 회중들에게 줄 수는 없습니다.

만일 당신이 하나님에 관하여 알지 못한다면, 만일 당신이 하나님은 어떤 분이시며, 그분이 누구신지 단순하게 이해하고 있지 않다면, 만일 당신이 하나님의 권능에 대하여 아무것도 알지 못한다면, 만일 하나님이 당신에게 실제적인 분이 아니라면, 당신은 자신의 교회원들에게 하나님을 실제적인 분으로서 제시할 수는 없습니다. 예수님이 당신에게 실제적인 분이 되지 않으면 안됩니다. 예수님이 당신의 매일의 삶, 당신의 생각, 당신의 호흡에 빠질 수 없는 일부가 되고, 당신 자신의 일부로까지 되지 않으면 안됩니다.

만일 그렇지 않으면 당신은 당신이 사역(minister)하는 사람들에게 예수님과 그분의 권능을 실제적이 되도록 할 수 없습니다.

아시다시피, 만일 당신이 깊은 물속을 통과해 가는 듯한 매우 괴로운 경험을 한 적이 있고, 그것에 삼켜져 버릴 것같이 되었을 때, 그 영원하신 손길에 안겨지는 것을 느낀 적이 있다면, 하늘 아버지의 위대한 사랑과 권능은 더 이상, 당신이 알지 못하는 것이 아닐 것입니다.

만일 당신이 "겟세마네"의 경험을 한 적이 있으며, 부활의 권능이 당신의 삶에서 흘러나오는 것을 경험한 적이 있다면, 만일 당신이 성령의 그 놀라운 임재를 느꼈던 적이 있다면, 하나님은 당신에게 실제이시며 신비가 아닙니다.

마찬가지로 당신은 스스로 경험한 그 이상의 것을 다른 사람에게 주는 것은 결단코 불가능합니다. 또 당신이 직접 경험한 것보다 더 큰 영향력을 다른 사람에게 행사하는 것도 불가능합니다. 당신이 행사하는 영향력은 지금 있는 그대로의 당신이라고 하는 영향력(the influence of what you are)입니다.

자기가 하는 말만으로 다른 사람에게 뭔가의 영향력을 미치는 사람은 단 한명도 없습니다. 다만 그 사람이 지기의 존재의 매우 깊은 곳에 있을 때 나오는 말은 예외입니다.

매우 주목해야 할 다른 것이 있습니다. 그것이 진실임을 여러분도 나와 함께 동의하게 될 것입니다. 방에 들어간 순간 현저한 변화를 가져오는 사람들이 있습니다. 그들이 들어오기 전에 그 방 안에는 어둠이 가득차 있고, 침체된 분위기로 가득차 있습니다. 그것은 문자적인 어둠이 아니라, 눈에 보이지 않는 어두움이며, 분명히 정의할 수 없는 어떤 것입니다. 기쁨은 전혀 없습니다. 행복감도 전혀 없습니다. 그리고 그 사람이 방에 들어오면 마치 전등의 스위치를 켠 것처럼 됩니다. 어둠은 쫓겨나고, 갑자기 방에 "빛"이 들어옴을 느낍니다. 왜 그렇습니까? 그것은 그 사람 안에 빛이 있기 때문입니다. 자기 안에 빛을 가지고 있지 않다면 빛을 발할 수도, 주변 사람들에게 비출 수도 없습니다.

내가 지금 의미하는 것을 이해하시겠습니까?

그것과 정확히 똑같은 방식으로, 그 반대의 상황도 일어나는데, 그곳에 있던 사람들에게 그것은 분명해집니다. 분명히 알 수 있을 정도로 행복감이 방 안에서 느껴지는 경우가 있습니다. 분위기가 평화로 넘치는 적도 있습니다. 긴장감은 전혀 없고, 단지 느슨하며, 평온한 분위기가 됩니다. 그렇지만 누군가가 열린 출입문을 들어오면, 창문의 그림자가 드리워진 것처럼 됩니다. 침체(depression) 그 자체가 방으로 걸어들어 옵니다. 그 사람의 속이 침체되었기 때문입니다. 그는 다른 사람들과 접촉할 때마다 침체의 옷을 모두에게 내던지는 것입니다.

반복해서 말씀드립니다. 자기가 말하는 것만으로 다른 사람들에게 큰 영향을 미치는 사람은 아무도 없습니다. 그 사람이 자신의 존재 가장 깊은 곳에 있는 상태에서 나오는 말을 할 때, 비로소 그는 다른 사람들에게 참으로 영향을 미치게 됩니다. 여러분의 아버지나 어머니가 자기의 아들이나 딸에게 미치는 영향력은 지금 있는 그대로의 당신의 영향력(the influence of what you are)입니다.

당신은 당신의 자녀에게 "이래야 돼요, 저래야 되요"라고 최후의 심판날까지 계속 말할 수 있지만, 만일 당신은 자녀들에게 독촉하면서도, 당신 자신은 그러한 사람이 아니라고 당신의 자녀들이 알고 있다면, 당신의 말은 어떠한 의미도 없어져 버리고 말 것입니다. 그러므로 당신에게는 영향력이 전혀 없습니다.

우리는 이 세상의 빛이기도 합니다. 만일 우리가 빛이 아니라면 빛을 비추는 것은 불가능합니다. 우리 주님의 이 가르침을 배워감에 따라서 더욱 더 인상받게 되는 사실이 있습니다. 그분이 뭔가의 주제에 대해서 가르치셨을 때, 표면적인 것만으로 끝나는 경우는 결코 없었습니다. 그분은 그 가르침의 깊은 곳에 있는 핵심에까지 파내려갔습니다. 우리 자신이 소금과 빛이 아니라면 우리는 자기 가족에게도, 자기의 교회의 사람들에게도, 자기가 사는 마을 사람들에게도, 직장의 사람들에게도, 이웃 사람들에게도, 결코 영향을 미치는 경우는 없을 것입니다.

종종 인용되는 다음 속담을 여러분이 듣는다면, 모두가 미소를 지을 것을 나는 알고 있지만, 지금 여기서 그것을 인용하기로 하겠습니다. 그것은 참으로 진실이기 때문입니다.

"당신의 사람됨(what you are) 너무나 크게 말하고 있으므로, 당신이 하는 말이 들리지 않습니다"

오늘날 살아있는 그리스도인으로서 가장 성공하고 있는 사람은 하나님께 자신을 너무나 헌신하고 있기 때문에 자신의 경험을 파는 일 따위를 필요로 하지 않는 사람들입니다. 사람들은 그런 사람들의 삶에 의해, 그런 사람들이 가지고 있는 기독교에 자연스럽게 마음이 끌리게 됩니다. 그리고 그런 사람들의 영향력은 사람들을 그리스도께 인도합니다.

그것이야말로 참으로 예수님께서 **"너희는 세상의 소금이니"** 라고 하신 말씀의 진정한 의미입니다. 거기엔 어떠한 영향력이 있을까요? 주님은 소금과 빛이라는 두 가지의 예를 사용하셨습니다. 그분은 "너희는 세상의 소금이니"라고 말씀하신 것이 아니었습니다. 또한 "너희는 세상의 빛이라"라고도 말씀하시지 않으셨습니다. 그러나 **"너희는 세상의 소금이니… 너희는 세상의 빛이라"**(you are the salt of the earth… you are the light of the world)라고 두 가지를 하나로 사용하셨습니다.

각각의 경우에 대해서 살펴보겠습니다. 우선 소금과 땅입니다. 여기에서 소금의 한 가지 가치는, 그것이 어떤 것으로 인한 부패가 확산되는 것을 방지하고, 불결함이 확장되는 것을 억제하는 것입니다. 소금은 이미 부패해 있는 것을 부패하지 않는 것으로 바꾸는 일은 결코 하지 않습니다. 소금에는 부패해 있는 것을 부패하지 않는 것으로 변화시키는 힘이 없기 때문입니다. 그러나 소금은 부패가 확산되는 것을 방지할 수는 있습니다. 더구나, 소금은 온전함을 드러내며, 그리고 그 온전함을 유지할 수 있는 기회를 창출해냅니다.

영적으로 깊이있는 사람으로, 사람들로부터 크게 칭찬받고 존경받고 있는 사람이라도 누군가 부패해 있는 사람을 붙들고 정결케 할 수 있는 사람은, 남자든 여자든 또는 종교 지도자이든 한 사람도 없습니다. 과거에 살았던 어떠한 성인일지라도 부패해 있는 사람을 붙들고 정결케 할 수 있는 사람은 한 사람도 없습니다. 그런 일을 할 수 있는 사람은 아무도 없습니다. 그것은 우리의 할 일이 아닙니다. 우리는 그러한 목적 때문에 이 지상에 놓여져 있는 것이 아니며, 또한 그러한 목적 때문에 구원받은 것도 역시 아닙니다. 인간은 어느 누구에게도 그런 능력이 주어져 있지 않습니다.

우리의 영향력은 그것과는 다른 가치의 영향력입니다. 소금은 아직 부패해 있지 않는 것을 취하여, 그것이 부패하지 않도록 방지하는 것입니다. 소금은 부패시키는 힘을 억제하고, 온전함을 유지할 기회를 창출해냅니다. 우리가 바로 소금이며, 부패의 억제력(restraing force)입니다.

그렇지만 예수님만이 오직 부패한 것을 부패하지 않는 것으로 변화시킬 수 있는 분입니다. 우리의 영향력은 억제력이라는 의미에서의 영향력입니다. 정결하지 않는 것을 변화시켜 그것을 정결케 하는 것은 우리가 할 일이 아닙니다.

우리의 기적의 집회에 참석한 적이 있는 사람들은 "나는 병든 자를 치유하는 것과는 전혀 관계가 없습니다" 하고 내가 말하는 것을 들은 적이 있을 것입니다. 그런데, 치유를 받은 사람이 내 쪽을 향하여 이렇게 말할지도 모릅니다.

"당신이 예수님의 권능을 나에게 말해주지 않았다면 나는 예수님이 얼마나 실제적인 분이신지도, 예수님에게는 치유하시는 권능이 실제로 있다는 것도 결코 알지 못했을 것입니다"

바로 이것이 내가 할 수 있는 유일한 것입니다. 그것은 하나님의 위대한 계획 중에서 나의 역할인 것입니다. 나는 정결치 못한 사람을 정결케 하는 것은 불가능합니다. 나는 죄많은 생활을 정결하고 의로운 생활로 변화시킬 수 없으며, 단 한 명의 병자도 치유할 수 없습니다.

그것은 나의 일이 아니고, 또한 여러분의 일도 아닙니

다. 오직 한 분 밖에는 그런 권능을 가지고 있지 않습니다. 그분은 바로 예수 그리스도입니다. 그분은 죄로 인해 삶이 망가진 사람을 들어서, 정결하고 의로운 삶으로 바꾸실 수 있으며, 병든 자에게 건강을 가져오게 하실 수도 있습니다. 그러나 우리는 이 땅의 소금으로서 모든 아름다우심과 모든 사랑스러움으로 충만하신 예수님을 높여 드리는 것으로, 죄와 불의의 부패력을 억제할 수 있습니다.

자, 소금이 일하는 영역에 주목해 봅시다. 예수님은 **"너희는 세상의 소금이니"**라고 말씀하셨습니다. 예수님이 여기서 사용하신 "세상(earth)"이라는 말은 재질면(材質面)을 나타내주고 있습니다. 즉, 흙(soil)입니다. 여러분과 나를 포함해서 사람은 이 흙으로 만들어셨습니다. 인생의 실제적인 측면이 존재하고 예수님은 그것을 아셨습니다. 그분은 우리가 우리의 발을 땅바닥에 고정시키도록 가르치고 계셨던 것입니다. 왜냐하면 우리는 모두 이 지상의 여러 가지 일들을 직면하기 때문입니다. 우리들 중 어느 누구에게도 이웃 사람이 있습니다. 우리들 중 어느 누구에게도 친구가 있습니다. 우리 한 사람 한 사람은 생계를 꾸려나가야 하는 일에 직면하고 있습니다. 지불해야 할 청구서가 있으며, 그 외에도 여러 가지 책임이 헤아릴 수 없을 정도로 많이 있습니다.

그러므로 예수님은 소금과 세상(earth)이라는 두 단어를 참으로 "이 지상(地上)에서"라는 의미로 사용하셨던 것입니다. 그리고 그분은 그것들을 예증으로써 사용하셨습니다.

우리가 이 물질 세계로부터 벗어나는 것은 불가능합니다. 우리는 이 사실을 인정해야 합니다. 그러나 생활의 영적인 측면이 배제되어 버릴 정도로까지 물질적인 것이 일부가 되어서는 안됩니다. 그러나 우리가 이 지상에 있고, 지상의 여러 가지 필요를 가지고 있는 동안도 우리는 하나님 나라의 일원이기도 합니다. 우리는 그분의 상속자입니다. 우리에게는 하나님을 위해 해야 할 분명한 일이 있습니다. 하나님은 우리 한 사람 한 사람을 위해 한 가지의 목적을 가지고 계십니다. 여러분에게도, 나에게도, 이 지상의 물질적 환경 아래서 살아가고 있는 수많은 사람들의 한가운데서 살아가는 일(task to live)이 할당되어져 있습니다. 그것은 우리가 그들에 대해서, 그리스도를 위해서 영향을 미치는 인물이 되기 위한 것입니다. 우리는 생활에서 접하는 사람들을 우리의 여러 행위들에 의해서, 또 우리의 삶을 통해 주님을 비추어 내는 것으로, 주님께로 인도해야 합니다.

예수님은 더 이상 이 지상의 거리에서 걸으시지 않습니다. 그분은 하나님 아버지 우편에서 위대한 대제사장의 직임에 계십니다. 사람은 예수님을 직접 볼 수는 없습니다. 구원받지 않는 사람들이 예수님을 보는 것은 여러분과 저의 삶을 통하여서만 입니다.

지금까지 보아온 것과 주님의 예증에 의해서, 예수님이 **"너희는 세상의 소금이니"**라고 말씀하신 이유를 이제 이해할 수 있으리라 생각합니다. 당신의 생활은 하늘의 통치가 물질적인 것들에서 역사하기 위한 매개체입니다. 그러므로 당신이 이 낡은 물질세계 가운데서, 그리스도인의 삶을 최후까지 살아가는 동안, 당신은 중요한 사람입니다.

오늘날 이 세계에서 죄와 악과 불의의 권능을 억제하고 있는 유일한 권능은 지금도 여전히 이 땅에 머물러 있는 소금인 것입니다. 그리고 우리가 이 세상에 있는 동안, 그것은 우리의 일이며, 우리의 책임입니다.

예수님이 예증하여 제시하시고, 또 지금도 그리스도인들에게 적용되는 이 세상의 소금과, 세상의 빛에 대하여 우리가 생각할 때, 슬프게도 거듭난 사람을 모두 그 안으로 (소금과 빛으로) 분류할 수 있는 것이 아닙니다.

유감스럽게도 많은 사람들은 그리스도인으로서의 경험에서 약하며, 그들의 생활에서도 깊지 않으며, 주님을 위한 그들의 영향력 또한 결여되어 있습니다.

한때는 어느 정도의 소금이 존재하고 있었을지도 모르겠습니다만, 그 맛은 잃어버렸습니다. 그들의 소금은 맛을 잃어버렸습니다. 기억해 주십시오. 자기의 품성 안에 소금을 가지고 있는 경우만이 그 사람은 소금의 영향력을 행사할 수 있는 것입니다. 그러므로 당신이 미치는 영향력은 언제나 있는 그대로 당신 자신의 영향력(the influence of what you are)이며, 그것만이 하나님을 위해 영속적인 영향력을 가지게 됩니다.

여기서 잠시 쉬고, 개인적인 것을 말씀드리고 나의 마음을 여러분께 털어놓기로 하겠습니다. 만일 여러분이 저와 같아서, 언제나 매사를 배우는 것이 어렵다면, 어떻게 해야할까 하고 나는 생각합니다. 그러므로 나는 이 사역을 하고 있는 젊은이들을 위해서, 여러 가지 마음의 고통이나, 줄곧 나의 발을 상처나게 해왔던 여러 가지 걸림돌로부터 그들을 지키는 방패가 되려고 열심히 힘쓰고 있다고 생각합니다. 나는 그들을 내가 경험한 몇 가지로부터 건져내려고 내가 아는 한 최선을 다하고 있습니다. 확실히 그러한 경험들은 모두가 나에게 책임이 있는 것이었습니다. 나빴던 것은 나였지만, 많은 경우 내가 무지했기 때문이며, 의도적인 것은 아니었습니다.

나의 사역 초기 무렵, 나는 전 세계를 회심시키려고 하고 있었습니다. 지금 고백하여 말씀드리지만, 하나님을 위해, 세계를 구원하기 위해 내가 열었던 "여성 한 사람의 캠페인(one woman campaign)"으로 어리석은 방법을 사용했습니다. 내가 설교한 것은 물론 "구원"에 대해서 뿐이었습니다.

나는 예수님이 나의 죄를 용서해 주신 것밖에 몰랐기 때문입니다. 여러분도 아시다시피, 나는 당시에도 스스로 경험한 것 이상의 것은 누구에게도 아무것도 줄 수 없다는 사실을 깨닫고 있었습니다. 내가 불신자들에게 예수님을 알려주려고 매우 열심히 힘썼던 것은 불과 200명의 작은 시골교회에서였습니다.

집회에 온 죄인들이 나의 개인적인 목표였습니다. 왜냐하면 만일 죄인이 거기에 있음을 내가 알았다면, 나는 그를 무릎을 꿇게 해 놓기 전에는 집에 돌려보내지 않을 작정이었습니다.

지금 나는 내 자신의 인생을 뒤돌아보면 내가 회심시키고 있다고 생각했던 것 같습니다! 확실히 성령께서는 나에게 매우 인내하시며, 참아오셨습니다.

그때 이후로, 나는 남자든, 여자든, 단 한 사람도 썩을 것에서 썩지 않을 것으로 바꿀 수 없다는 사실을 배워왔습니다. 나는 어느 누구 한 사람도 회심시킬 수 없습니다. 한 사람의 인생을 변화시키는 데는 하나님의 권능이 필요합니다. 나의 역할은 내가 강단에 서서 구원으로 초청하도록 인도받을 때, - 그것이 찬양을 부르고 있는 동안이어도, 설교하기 전이어도, 혹은 집회의 마지막 무럽이어도 - 그 죄인이 나의 그리스도인으로서의 생활에 충분히 확신을 가져서, 내가 그 사람에게 예수님을 제사하는 것이 가능하도록 사는 것입니다.

나는 그 사람을 거듭남의 경험으로 안내해 줄 수는 있지만, 그 나머지는 예수님께서 행하십니다! 죄인이 변화받는 것은 하나님의 권능에 의해서입니다! 그리고 그것이 바로 **"너희는 세상의 소금이니"** 하고 말씀하셨을 때 의미하신 것입니다.

타락한 사람을 취하여 정결케 하는 것은 어느 누구도 불가능하지만, 우리가 이 세상에 있음으로 인해서, 부패가 확산되는 것을 저지하는 것이 됩니다.

예수님은 계속해서 말씀하셨습니다.

"너희는 세상의 빛이라 산 위에 있는 동네가 숨겨지지 못할 것이요"(마 5:14)

예수님은 "너희는 … 이다"라고 말씀하셨을 때, 현재형 동사를 사용하셨습니다. 우리는 지금의 빛이며, 우리의 죽은 후가 아닙니다. 우리의 빛의 가치는 어떻게 인생을 살아야 하는가를 계시하고, 비추는 것에 있습니다. 모범만으로서는 사람을 구원하기에 충분하지 않습니다. 그렇지만 모범이 있는 것은 큰 힘입니다. 그리스도인으로서 우리의 모범은 결코 사람을 구원하거나 회심시키거나 하는 것이 아닙니다. 그러나 우리의 모범은 다른 사람의 회심을 위해 우리의 삶에서 행사되어질 수 있는 가장 위대한 힘 가운데 하나입니다.

우리는 사람들을 구원하기 위해 부르심을 받은 것이 아닙니다. 우리는 우리가 살아가는 그 삶에 의해, 하나님의 말씀의 진리를 계시하여 비추기 위해 부름받은 것입니다. 하나님의 뜻 가운데서 살아가는 사람들이야말로 이 세상의 빛입니다. 우리는 그리스도께 대한 충성 가운데 살아야 하며, 또 그렇게 함으로서 우리는 세상에 빛을 비추게 되는 것입니다.

다시 한번 마태복음 5장을 펴서 14-16절을 읽어보십오.

"너희는 세상의 빛이라 산 위에 있는 동네가 숨겨지지 못할 것이요 사람이 등불을 켜서 말 아래에 두지 아니하고 등경 위에 두나니 이러므로 집 안 모든 사람에게 비치느니라 이같이 너희 빛이 사람 앞에 비치게 하여 그들로 너희 착한 행실을 보고 하늘에 계신 너희 아버지께 영광을 돌리게 하라"(마 5:14-16)

여기서 말씀하시는대로 설명은 매우 분명하고 단순합니다. 당신의 빛을 비추십시오. 그것이 바로 당신의 모범이며, 매우 개인적인 것입니다. 그러나 당신의 품성과 당신의 빛이 이 지복(Beatitudes) 메시지에 기록되어 있는 내용에 합당할 때만이 당신은 그리스도를 위한 모범이 됩니다.

그러므로 이 지복의 메시지를 그후의 예수님 설교에서 잘라내는 것은 불가능합니다. 복있는 자는 심령이 가난한 사람들, 긍휼히 여기는 사람들, 마음이 정결한 사람들입니다. 예수님이 설교의 처음 부분에서 거론하신 이러한 것들을 당신이 충족시킬 때만이 당신은 어둠속을 비추는 빛이 됩니다.

당신의 빛이 사람들 앞에서 비취는 그때, 사람들은 당신의 선한 행실을 보게 되고, 그래서 하늘에 계신 당신의 아버지께 영광을 돌리게 됩니다.

집안에 있는 모든 것을 비추는 사람에 대해서도 언급되어 있습니다. 예수님이 말씀하시는 것은 등대 안에 놓여진 등불에 대해서입니다.

당신이 그 등불입니다. 당신이 당신의 가정과 환경에서 바로 그 등불입니다. 당신이 집안에 있는 모든 것을 비추게 되는 것은 당신이 그리스도인으로서의 삶을 살고 자녀들과 가족들 앞에서 모범으로 살아갈 때입니다. 당신이 그 빛입니다.

14절로 돌아가서 다른 것을 보겠습니다. 예수님이 "동네(city)"라는 말을 사용하신 것에 주목해 주십시오.

나는 동네가 아니며, 여러분도 동네가 아닙니다. 동네는 많은 사람들로 이루어져 있습니다. 그러므로 예수님이 동네에 대해서 말씀하실 때, 그분은 한 사람 한 사람을 말씀하시는 것입니다. 그분은 정말 무엇을 말씀하셨던 것일까요? 동네가 많은 사람들로 이루어져 있다는 것은 누구든지 압니다. 그러므로 이 동네는 여기에서 교회를 가리키고 있습니다.

예수님의 교회는 비추이는 빛이어야 하며 이 어둠의 세상에서 그 온전하고도 장엄한 위광(majestic splendor) 가운데, 비추어야 합니다.

그것은 커다란 경계표처럼 되어야 하며, 구원을 필요로 하는 사람들이 오는 곳, 영적인 도움을 구하는 사람들이 해답을 발견하는 곳, 자기의 죄에서 구원받길 원하여 갈급해하는 사람들이 그리스도 안에 있는 새로운 인생을 발견하는 곳이어야 합니다. 이 어둠의 세상에서 교회는 저 산 위에서 빛나는 등대이어야 합니다. 그것은 시대의 파멸을 넘어서 우뚝서서 하나님께 예배드리기 원하는 사람들이 모이는 장소입니다. 사람들은 그 문으로 들어와서 능력과 도움을 발견하고, 어떤 필요도 채우실 수 있는 분이신 예수 그리스도를 발견합니다.

나의 마음에 무거운 짐이 있으며, 크게 두려워하는 것이 있습니다. 지금 이때, 매우 희미하게 밖에 빛을 발하고 있지 않는 하나님의 "동네"가 있는 것입니다. 교회가 능력을 많이 잃어버리고 있습니다. 실제로 교회가 가장 높은 산 위에서 빛을 발하며 장엄한 위광(majestic splendor) 안에서 빛을 발하는 대신에, 그리고 오늘날 이 세상에 도전하는 대신, 이 세상이 교회에 도전하는 시대가 와 있을 정도입니다.

"하나님, 우리를 도와주소서!" 하고 나는 기도드립니다.

제 10 장 천국의 의

 이 산상수훈에서 예수님이 말씀하신 어떤 것도 오늘날 우리에게 적용되는 것이며, 오늘날에도 충분한 의미가 있는 것입니다.

 그러나 우리가 천국에 갈 때까지는 우리들 중 어느 누구도 그 전체를 완전히는 이해하지 못한다고 나는 확신합니다. 그럴지라도 하나님의 길을 분별하고자 히는 우리의 열망을 하나님이 귀하게 보신다는 것을 나는 알고 있으며 성령께서 기름 부으심으로 하나님의 진리를 구하는 사람들의 심령과 지성에 그것을 계시해 주시는 것을 나는 알고 있습니다.

 인간 생각의 여러 가지 일들을 이해하시는 예수님은 그 산기슭에 앉아있던 사람들이 선지자들을 잘 알고 있다는 사실에 대해서 잘 아셨습니다. 예수님은 자신의 설교가 산출해내는 여러 가지 의문을 아셨으며, 사람들이 잘 알고 있는 율법에 대신해야 할 것으로서 친히 그들에게 주시고 있는 이러한 것들에 대해 그들이 의문스럽게 생각하고 있다는 것도 알고 계셨습니다. 그들은 율법을 지키도록 교육받고 배워왔습니다. 가능한 율법에 맞는 생활을 하고 있는 사람들도 있었습니다. 예수님은 자신의 가르침이 율법을 모독하는 것이 되는 것이 아닐까 라든가 그것은 율법에 대신하는 것이 되는건 아닐까 하고 의심의 마음을 품고 있던 그들의 생각을 알고 계셨습니다.

예수님은 그들의 다양한 의문에 대해 재빨리 이런 말씀으로 대답해 주셨습니다.

"내가 율법이나 선지자를 폐하러 온 줄로 생각하지 말라 폐하러 온 것이 아니요 완전하게 하려 함이라"(마 5:17)

그러므로 율법과 십계명이 이 산상 설교로 인해서 취소되거나 무효케 된 것이 아님이 명백합니다. 십계명은 계속해서 유효하다는 것이 제시되었습니다. 그 열가지 법은 오늘날의 사람들도 다스리기 위한 것입니다. 그것은 시내산 위에서 하나님이 모세에게 십계명을 주셨을 때, 그것이 하나님으로부터 받은 지침이 된 것과 완전히 똑같은 것이었습니다.

오늘날 우리가 살고 있는 시대는 분명히 그때와 다른

시대입니다.

  십계명이 주어진 것은 성부의 시대(the Dispensation of God the Father)이며, 우리는 이미 성자 예수 그리스도의 시대를 통과해 있습니다. 우리는 지금 삼위 일체의 세 번째 위격이신 성령의 시대에 살고 있습니다. 그러나 성령아래 있는 이 시대(this one under the Holy Spirit)는 취소된 것도, 무효케 된 것도 아닙니다. 그래서 하나님의 열가지 삶의 계명은 지금도 여전히 유효하며, 이스라엘 백성들을 위해 유효했던 것처럼, 오늘날도 동일하게 유효합니다. 십계명은 이후로도 질서정연히(in order) 계속 있을 것이며 "모든 것이 성취되는" 때까지 계속 유효할 것이라고 하나님은 말씀하십니다.

  예수님은 자기가 온 것은 율법을 폐하기 위해서가 아니라고 분명히 말씀하셨습니다. 예수님이 오신 것은 예수님 자신을 통하여 우리가 거룩한 중생을 경험할 수 있게 하기 위해서입니다. 이 경험에서, 사람은 사망에서 생명으로 옮겨지고 하나님의 나라에 들어가게 됩니다. 그리고 그분은 성령을 보내주셨습니다. 성령의 권능이 우리에게 주어졌으며, 우리는 이러한 계명들을 지키는 것이 가능해 졌습니다. 그것은 그렇게도 단순합니다.

  그리스도인으로서 나는 여러분께 솔직히 말씀드립니다. 나는 십계명을 지키는 데서 어떠한 고투(struggle)도 없습니다. 나는 십계명이 바로 하나님의 보좌로부터 나오고 있으며, 바로 창조주의 강력한 손길로부터 나오고 있음을 잘 알고 있습니다.

십계명은 하나님이 인류에게 주신 열가지 계명이어서, 만일 지키지 않으면 그 사람은 형벌을 받게 됩니다. 그렇지만 마음 속에 예수님이 살고 계시는 그리스도인, 즉 새로운 생명이 그 사람 안에서 능력을 산출해내는 그리스도인은 긴장도 스트레스도 없이 이 십계명을 자동적으로 지키고 있는 것입니다. 이 계명들은 지금도 여전히 존재하며, 여전히 유효합니다.

십계명이 취소되거나 폐지된 적은 지금까지 한 번도 없습니다. 그러나 예수님은 거듭난 사람 안에 내주하시며 그 사람이 이 십계명을 지킬 수 있게 해주시며, 이 법칙들(these rules)은 자연스러운 생활방식이 되며, 또 삶이 됩니다. 바꾸어 말하면 예수님은 "내 안에서 그 율법은 충족되었으니라"라고 말씀하시는 것입니다.

그것뿐만이 아닙니다. 좀더 깊이 들어가 보겠습니다. 예수님은 매우 중요한 어떤 것을 말씀하시려고 하십니다. 왜냐하면 그분이 "진실로(verily)"라는 용어를 사용하실 때는 언제나 우리가 주의깊게 듣도록 촉구하는 신호이기 때문입니다. 그리고 만일 내가 설교에서 뭔가를 특별히 강조하고 싶다면 나는 청중들에게 "잘 들어 주십시오"라고 말할 것입니다. 그렇지만 예수님은 단 한마디 "진실로"라는 말을 사용하셨습니다. 이 신호의 말을 말씀하셨을 때는 언제나 우리는 주의하여 귀를 기울여 잘 들어야 할 필요가 있습니다.

> "진실로 너희에게 이르노니 천지가 없어지기 전에는 율법의 일점 일획도 결코 없어지지 아니하고 다 이루리라"
> (마 5:18)

단지 이 한 절 안에서, 우리는 충분한 예언, 충분한 실질적 내용(meat), 충분한 깊은 진리를 가지게 됩니다. 그것은 만일 누군가가 탐구하고 충분히 상세하게 의미를 조사하려 하면, 그 완전한 해석을 전하는데 몇 시간이나 걸릴 것입니다. 잘 이해할 수 없는 말씀에 오게 되면 "그것은 말의 형태(figure of speech)다"라고 말하고는 그냥 지나쳐 버리는 경우가 종종 있음을 나는 압니다. 예수님이 여기에서 사용하신 것은 "말의 형태"가 아닙니다. 그분이 말씀하신 것은 실제의 하늘과, 여러분과 내가 지금 여기서 살고 있는 이 땅에 대해서였습니다.

실제적으로 예수님은 하늘도 땅도 양쪽 세계를 완전히 알고 계시는데다가 율법은 실패할 수 없다고 말씀하셨습니다. 율법이 폐기될 수 없습니다. 그것은 가볍게 여겨질 수 없습니다. 그것이 마치 중요하지 않는 것처럼 경시되어질 수 없습니다. 그것은 계속 유효할 것이며, 모든 것이 성취될 때까지 계속됩니다.

그리고 예수님이 "천지가 없어지기 전에는"라고 말씀하신 진정한 의미는 무엇인지를 살펴보겠습니다. 이것은 부주의하게 말해졌던 것이 아니며, 또한 "말의 형태(fiqure of speech)"로 말해진 것도 아닙니다. 그분은 진지하게 그 말씀을 하셨으며, 그분의 말씀은 더할 나위없이 중요합니다. 그렇지 않다면 그분은 "진실로"라는 말을 결코 앞에 두시지 않았을 것입니다. 하늘과 땅은 지나갈 것입니다.

이 말에 대해, 아마 어떤 사람은 곧 이렇게 말할 것입니다. "확실히 나는 이 세계가 끝나게 된다는 것을 항상 믿고 있었습니다." 그러나 만일 당신이 그렇게 믿고 있다면 당신의 믿는 것은 틀렸습니다. 이 세계는 결코 결코 끝나게 되는 것은 없습니다. 그렇다면 예수님이 여기에서, **"천지가 없어지기 전에는"**라고 말씀하신 것은 어떠한 의미였을까요?

베드로와 요한은 그것을 알고 있었습니다. 그들이 무엇이라고 말하고 있었는지를 읽어봅시다. 우선 맨 먼저 베드로후서 3장 13절을 펴주십시오. 베드로는 이렇게 말했습니다.

"우리는 그의 약속대로 의가 있는 곳인 새 하늘과 새 땅을 바라보도다"(벧후 3:13)

하나님께서 친히 주신 율법은 지금도 계속되고 있습니다. 인간의 삶을 위한 이 십계명은 지구상에 완벽한 의가 거하게 되기까지 계속 유효합니다. 그러나 우리가 알고 있는 지금 상태가 지구가 지나가기까지, 이 지구상에 완벽한 의는 존재하지 않습니다.

다른 말로 표현해서, 이 지구상에 절대적인 의가 존재하게 될 때가 있으며, 우리가 절대적인 의를 가질 때, 우리는 궁극적인 법을 가지게 될 것입니다. 그러나 그때일지라도 우리가 현재 알고 있는 율법은 무효로 되지 않습니다. 그것은 말(word)에서 영(spirit)으로 이행하고, 차가운 문자에서 따뜻한 생명으로 이행될 것입니다. 오늘날도 존재하고 있으며, 지금까지 항상 존재해 왔던 율법은 차가운 문자입니다. 그러나 완벽한 의가 이 지구상에 존재하게 될 날이 오려고 합니다. 그때 이 차가운 문자는 따뜻한 생명으로 바뀌게 될 것입니다.

그것은 단순한 것처럼 생각되지만, 나로서는 더 이상 잘 설명할 수가 없습니다.

"천지가 없어지기 전에는"라고 하는 예수님의 말씀에 관하여 조금 다른 것을 생각해 보겠습니다. 현재 우리가 하늘이라고 부르는 장소가 일시적인 장소에 지나지 않는다는 것은 사실입니다. 그것은 영원한 장소가 아닙니다. 만일 당신이 사랑하는 사람이 그리스도인으로, 주님 안에서 죽었다면 그 사람의 심장의 고동이 멈추었던 순간, 죽음이 와서, 그 혼은 육체를 떠나 예수님이 지금 계시는 천국에 들어갔습니다.

우리는 그 사랑하는 사람의 유해를 무덤에 매장하지만 영원한 존재인 혼은 이 지상의 육체에서 우리가 보통 천국이라고 부르는 장소, 예수님 앞에까지 갑니다.

예수님이 지상에서 떠나가실 때 이렇게 말씀하셨습니다.

"내가 너희를 위하여 거처를 예비하러 가노니"(요 14:2)

지금도 작업은 계속되고 있으며, 새 예루살렘이 건설 중에 있습니다. 우리가 죽으면 우리가 앉아서 하프를 켜며, 자기의 면류관을 보고 기뻐하면서, 그냥 한가하게 영원을 보내게 된다고는 한 순간도 나는 믿지 않습니다. 내 자신이 아무것도 하지 않고 앉아 있으면서 행복해 질 수는 없습니다. 그것은 내 성격과 반대입니다. 우리가 천국이라고 부르는 장소에서는 지금도 위대한 활동이 행해지고 있다고 나는 믿고 있습니다.

예수님이 **"너희를 위하여 거처를 예비하러 가노니"**라고 말씀하셨습니다. 누군가가 무언가를 준비하고 있다면 그 사람은 일하고 있는 것이며, 새 도성 예루살렘에서 예수님의 스탭으로 열심히 일하고 있습니다. 그것은 성경에 계시되어 있지 않는 것이기 때문에, 나는 어느 정도까지 그렇게 말할 수 있는지 모르겠습니다.

그러나 요한은 환상으로 그 도시가 하늘로부터 내려와 여러분과 내가 지금 살고 있는 이 지구에 오는 것을 보았습니다. 아마 여러분은 이제 제가 말씀드리는 요점을 아셨으리라 생각합니다. 참으로 그것이야말로 예수님께서 **"천지가 없어지기 전에는"**이라고 말씀하셨던 것의 진정한 의미입니다.

그렇지만 새 도성 예루살렘은 현재 상태의 이 지구에 내려올 수는 없습니다. 그러므로 이 지구상에서 뭔가가 일어날 때가 반드시 있어야 합니다. 그러나 이 세계는 끝나지 않을 것입니다.

성경은 이 지구가 멸망될 것이라고는 가르치고 있지 않습니다. 지상(surface)은 파괴되고 불로 새롭게 될 것입니다. 여러분은 하나님이 멀지않아 이 땅을 깨끗이 청소하여 새롭게 하시는 역사를 행하여 주실 것을 신뢰할 수 있습니다. 죄와 우리 혼의 원수가 지배해 온 이 지상은 어느 것 하나도 남지 않게 될 것입니다. 언젠가 이 지구는 처음의 아름다움을 회복하게 될 것입니다. 어떻게 그것을 알 수 있을까요? 하나님은 결코 패배하실 수 없기 때문입니다. 그분은 패배를 모르시는 분입니다.

여러분도 아시다시피, 한때 이 지상이 아름다웠을 때가 있었습니다. 과거에 지상에 존재하고 있었던 것을 우리는 지금 지구의 내부(bowels)에서 발견합니다. 왜냐하면 전에 하나님은 자신의 분노의 팔을 뻗쳐서, 이 지구를 뒤집어 엎으셨기 때문입니다. 그러므로 오늘날 지구 내부에는 여러 가지 광물들과 다양한 보석류가 있습니다. 그러므로 여러 종류의 분화구와 산들이 있습니다.

요전에 내가 TV를 보고 있었는데, 매우 흥미진진한 프로가 있었습니다. 아주 오래전에 이 지상에 생명이 존재했던 증거를 과학자들이 발견했습니다. 의심이 많은 사람들은 "그런 증거는 지구는 6000년 전에 탄생했다고 하는 성경말씀과 모순된다"고 즉시 말할 것입니다.

그렇지 않습니다. 성경은 그런 내용을 전혀 언급하고 있지 않습니다. 성경은 인간이 약 6000년 전에 창조된 사실을 언급하지만, 이 지구가 창조된 것은 그보다 아주 오래 전이었을 가능성이 있으며, 그것은 성경과 상반되지 않습니다.

나는 세 천사장 가운데 하나인 루시퍼는 타락하기 전에 수많은 천사들을 통치하고 있었다고 믿습니다. 루시퍼가 타락하기 전에 이 지구상에는 말로 형언할 수 없을 정도로 아름다운 것으로, 우리의 빈약하고 초라한 지성으로는 그 아름다움을 상상할 수 없습니다. 언젠가는 하나님은 이 동일한 지구를 원래의 아름다움으로 회복시키고, 그리스도를 구주로 영접한 사람이 완벽해진 지구에서, 완벽한 의 가운데서 그분과 함께 다스리게 될 것입니다.

그것이 어떠한 의인지 정말 이해할 수 있습니까?

이 지구가 회복된 후, 하나님은 여기에 자유의지를 가진 사람들을 다시 살게 하십니다. 우리 구속받은 자들, 예수님을 자기의 구세주, 주, 통치자로서 영접하기를 선택하여 그리스도인의 삶을 살고 있는 자들은 언젠가 그 새 하늘과 새 땅의 일원이 될 것입니다. 그때 비로소 그 의(righteousness)가 궁극의 법이 될 것입니다. 그때 하나님의 열가지 삶의 규정은 문자(word)에서 영(spirit)로 이행될 것입니다.

자 19절을 직접 읽어보십시오.

"그러므로 누구든지 이 계명 중의 지극히 작은 것 하나라도 버리고 또 그같이 사람을 가르치는 자는 천국에서 지극히 작다 일컬음을 받을 것이요 누구든지 이를 행하며 가르치는 자는 천국에서 크다 일컬음을 받으리라"(마 5:19)

여기서 예수님이 **"누구든지 이를 행하며 가르치는 자"** 라고 말씀하신 것은 무슨 의미일까요? 그분이 말씀하시는 것은 율법에 대해서이며, 모세에 주셨던 하나님의 십계명을 말합니다. 우리가 알고 있는 것이지만 가르침에 능력이 있는가 어떤가는 그것에 선행하는 행함으로 그 여부를 알게 되는 것입니다. 자기 자신의 삶에서, 10계명을 깨뜨리는 사람이라면 그 사람은 그 계명을 능력있게 가르치는 것은 절대적으로 불가능합니다.

그러므로 나는 "당신이 스스로 경험하는 것 이상의 것은 어느 누구에게도 줄 수 없다"고 말하는 것입니다.

율법에 대한 예수님 제자들의 관계는 다음과 같습니다.

"계명을 깨뜨리며 사람들에게도 그렇게 가르쳐라. 그러면 너는 천국에서 가장 작은 자가 될 것이다. 그러나 그 반대로 계명을 실행하고 사람들에게도 그렇게 가르쳐라. 그렇게 하면 당신은 천국에서 큰 자가 될 것이다"

그것은 이렇게 단순하여서 어린이들도 이해할 수 있는 것입니다.

그러면 20절을 보도록 하겠습니다. 여기에서 예수님은 청중들에게 자신은 설교하시는 것을 스스로 실행하시고 있음을 다시 한 번 생각나게 해 주고 있습니다.

"내가 너희에게 이르노니 너희 의가 서기관과 바리새인보다 더 낫지 못하면 결코 천국에 들어가지 못하리라"(마 5:20)

이것은 중요한 말씀입니다. "더 나은"의 의미를 정확하게 기억하십시오. 율법학자들과 바리새인들은 율법에 매우 집착하는 사람들이며, 실제로 그들은 예수님 앞에 와서 예수님이 율법을 범했다고 말하며 비난할 정도였습니다.

여러분은 예수님과 제자들이 보리밭을 지나갔던 안식일 아침을 기억하고 있을 것입니다. 그들은 배고픔을 느끼고 있었고, 제자들이 안식일에 보리 이삭을 잘라 먹었을 때, 바리새인들은 안식일에 율법을 범했다고 하나님의 자녀들을 비난했습니다. 율법학자와 바리새인들은 율법에 매우 집착하고 있는 사람들이었지만, 그들 자신의 생활은 그 율법의 기준에 달하지 못했습니다.

그들은 설교는 했지만, 그렇게 생활하고 있지 않았습니다. 그래서 예수님은 이렇게 말씀하셨습니다.

"너희 의가 서기관과 바리새인보다 더 낫지 못하면 결코 천국에 들어가지 못하리라"

그러면 무엇이 더 나은 의입니까?

"더 나은 의"란 명백하게 행하는 것과 가르치는 것 양자에 의해서 증명되는 것입니다. 당신은 행하는 것과 입으로 말하는 것 둘 다 해야 하며, 자신이 그러한 사람이 되는 것과 가르치는 것 둘 다 해야 합니다. 바리새인의 의는 그들의 외면의 생활만이 조건으로 되어 있는 의였습니다. 그것은 외식(outward show)이었습니다. 그것은 자기의 몸을 씻지 않고 정장한 사람과 비슷합니다. 아름다운 복장은 외식을 위한 것이고, 내면은 가장 깊은 곳까지 부패해 있었습니다.

예수님께서 요구하신 의는 감추어져 있는 내면, 즉, 마음과 혼이 조건으로 되어 있는 것입니다. 인간의 내면이 부패해 있다면 이르든 늦든, 그 사람의 행함 역시 부패하게 됩니다.

바리새인의 의는 "겉은 그럴 듯 하게 보이고, 인간의 눈에는 거룩하게 보이는 의"라고 하는 라벨을 붙일 수 있는 것이었습니다. 예수님은 그들을 꾸짖으셨으며, 그들의 기도는 그들의 머리 위에 있는 지붕보다 높이는 올라가지 않는다는 것을 그들에게 상기시켰습니다. 왜냐하면, 그들이 기도한 것은 사람들에게 자기를 보이기 위해서, 사람들로 하여금 자기의 기도를 듣도록 한 목적뿐이었기 때문입니다.

여러분과 내가 사람들에게 보여주기 위해 하는 어떤

일도, 우리가 사람들에게 인정받기 위해서 하는 어떤 것도, 우리가 효과를 노리고 하는 어떤 일도, 하나님 앞에는 결코 열납될 수 없습니다. 그러한 것들은 율법학자와 바리새인들의 "거짓된 의"와 하등의 차이도 없었습니다. 여러분은 이런 종류의 설교를 좋아하지 않을지도 모르겠습니다만, 지금은 우리가 옳은 종류의 의를 가지고 있는지 아닌지를 스스로 살펴보고 분명히 해야 할 때입니다.

나아가서 "더 나은 의"를 얻기 위해서 어떻게 해야 할까요? 바리새인의 의는 외면적인 것만이 조건으로 된 의였던 것을 지금까지 살펴보았습니다. 그러나 예수님은 내면을 조건으로 하기 위해 오셨으며, 또 그렇게 함으로 내면이 외면에 영향을 미쳤습니다.

하나님이 행하시는 방식은 모두 완벽합니다. 하나님은 내면에서부터 역사하십니다. 그리고 당신이 하나님께 순종하는 것은 당신이 하나님을 사랑하기 때문입니다. 당신은 거듭나 있기 때문에 다른 사람들을 사랑하고 있는 것입니다. 이 거듭남은 자동적으로 당신에게 예수님의 의를 옷입게 합니다.

제 11 장
하나님의 궁극적 법은 무엇인가?

나는 이 질문을 지금까지 거듭 거듭 반복해서 마음속으로 곰곰히 생각해 왔습니다. 그리고 내가 할 수 있는 유일한 대답은 매우 간단합니다. 즉, 하나님의 궁극적 법이란 하나님의 위대한 사랑이라는 사실입니다.

인간에 대한 하나님의 사랑은 바로 우리 죄의 근본을 교정하기 위해서 자기의 독생자를 보내주실 만큼 위대한 것이었습니다. 우리가 우리 안에 내주하여 살아계시는 그리스도에 의해 다스림을 받을 때, 자동적으로 율법의 외적인 차가운 문자를 지키는 것이 극히 자연스럽게 됩니다. 우리가 자기의 마음속에 사랑, 즉 하나님의 사랑을 소유하고 있는 한 우리는 도둑질도, 거짓 증언도, 살인도, 어떠한 죄도 범하는 일이 없습니다. 내면에 증오심이 없으면, 우리의 행위는 사랑과 친절의 행위가 될 것입니다. 마음에 예수님이 내주하는 사람은 용서하는 것이 간단하고, 정결케 되는 것이 간단하며, 살인이나 불친절을 하지 않는 것도 쉽다는 것을 발견합니다. 예수님이 오신 것은 모세에게 주어졌던 율법을 폐기하기 위해서가 아니라, 율법이 도달할 수 없었던 데까지 우리를 도달시키기 위해서였습니다.

율법은 차가운 돌판에 기록되었지만, 예수님의 윤리(ethics)는 거듭난 사람들의 마음속에 기록되어 있습니다. 율법의 문자는 차갑고 마음도 감정도 없는 것이지만, 궁극의 법, 즉 의의 완전한 율법은 그리스도가 내주하시는 믿는 자들의 마음속에 확립되어 있고 그 마음을 다스립니다.

사랑하는 여러분, 오늘날 사회에 저주를 기져오는 죄는 마음의 죄이며, 하나님의 아들 예수 그리스도만이 그 치료법을 두 손에 잡고 계십니다.

제 12 장
천사의 보호

보는 눈이 있는 사람들은 행복합니다.
그들은 어디서든지 하나님을 볼 수 있기 때문입니다.
사람들이 돌을 보게 되는 장소에서 그들은 하나님을 보기 때문입니다.

사랑의 능력을 아는 사람들은 행복합니다.
그들은 하나님의 영으로 살아갑니다.
왜냐하면 하나님은 사랑이기 때문입니다.

진리를 위해 사는 사람들은 행복합니다.
그들은 사람들의 마음을 구원하는 방법을 발견하기 때문입니다.

하나님께 완전히 드려진 혼은 행복합니다.
그들은 평안과 완벽한 사랑으로 충만되기 때문입니

다.

 하나님은 자기의 자녀들에게 놀라운 것들을 예비해 주셨습니다. 그들을 보호하시고 그들이 필요로 하는 모든 것들을 풍성한 것들로 공급해 주십니다. 그리고 이 하나님의 계획 가운데서 천사들이 매우 중요한 역할을 수행하고 있습니다. 그들은 정말로 바쁘게 일하는 피조물입니다. 여러분도 나도 인생의 싸움을 혼자서 싸우고 있는 것이 아니라는 사실, 결코 잊지 말아 주십시오. 우리는 자기 혼자서 걸어가고 있는 것이 아니고, 밤이든, 낮이든 외톨이로 홀로 있는 것은 결코 아닙니다. 우리 주님은 자기 자녀들이 보호받도록 예비해 주십니다.

 천사들에 대해서는 성경 말씀에서도 분명히 기록되어 있습니다. 천사들과 천사들의 사역에 대해서 말할 때, 나는 언제나 내 자신이 부적절하다고 느끼며, 그 주제를 충분히 다룰 수 없다는 사실을 알고 있습니다. 그러나 하나님의 말씀을 배우는 사람이라면 반드시 알아야 할 것이지만 천사는 매우 실제적인 피조물이며 우리가 알고 있는 이 세계가 창조되기 보다 훨씬 전에 하나님이 창조하신 피조물입니다. 그들에게는 거처가 있습니다. 그것은 우리에게도 사는 집이 있는 것과 완전히 똑같습니다. 그들은 어떤 형태의 몸을 가지고 있으며, 두 손과

두 발이 있으며, 음식을 먹을 수 있습니다. 그러나 인간들과 다른 것은 천사들에게는 혼이 없다는 것입니다.

천사들이 음식을 먹는다는 것을 성경을 통해 처음으로 알게 되었을 때를 나는 결코 잊을 수 없을 것입니다. 아시는 바와 같이 나는 어린 시절 천사는 날아다니며, 자기의 아름다운 날개를 보여주는 정도밖에 하지 않는다고 믿도록 인도받고 있었습니다.

그리고 나는 다른 무엇보다도 그들처럼 날개를 가진 천사가 되고 싶었습니다. 나로서 천사가 음식을 먹는다는 것은 상상도 할 수 없었습니다.

그렇지만, 하나님의 말씀을 공부해 가면서 천사들은 몸이 있을 뿐만 아니라, 음식도 먹는 다는 것을 알게 되었는데, 창세기 18장에 기록되어 있듯이 천사들이 아브라함이 준비한 고기와 떡을 먹었습니다. 그리고 하나님의 말씀을 더 깊이 파들어가보자, 천사들은 특별한 종류의 식사를 하고 있음을 알게 되었습니다.

시편 78장 24-25절에서 천사들의 음식을 언급하고 있습니다. 이 시편 기자는 그것을 다음과 같이 묘사하고 있습니다.

"그들에게 만나를 비 같이 내려 먹이시며 하늘 양식을 그들에게 주셨나니 사람이 힘센 자의 떡(angel's food)을 먹었으며 그가 음식을 그들에게 충족히 주셨도다"

이스라엘 백성들이 애굽을 벗어나온 기사를 읽은 적이 있다면, 그 놀라운 만나에 대해서는 모두 알 것입니다. 사람들이 먹을 수 있도록, 매일 아침 하늘로부터 만나가 내려왔습니다. 그들은 그것으로 충분했습니다.

그러나 그들이 40년 간 먹었던 그 만나가 실제로는 천사들의 음식(andel's food)이었다는 사실을 여러분은 완전히 이해하시겠습니까? 하나님은 자기 백성들을 위해 천사들의 떡상자를 열어주셨습니다. 그리고 광야에서 그들이 40년에 걸친 여정 동안 그들을 먹이기 위해 하늘에서 만나가 내려 왔습니다.

우리가 마침내 천국에 도달할 때 우리도 천사들의 음식을 먹어볼 기회가 있는 것은 아닐까 하고 나는 가끔 생각합니다. 여러분은 내가 왜 이런 말을 하는지 이상하게 생각할지도 모르겠습니다만, 계시록 2장 17절을 펴보면 이해할 수 있을 것입니다.

"이기는 그에게는 내가 감추었던 만나를 주고"

정직히 말씀드리지만, 나는 그 만나를 먹게 될 것을 기대하고 있습니다. 여러분은 어떻습니까?

천사들의 사역을 좀더 상세히 살펴보겠습니다. 여기

서 여러분은 또다른 사실을 알게 될 것입니다. 하나님은 천사이든, 인간이든, 게으른 피조물을 위한 시간은 없다는 사실입니다. 하나님은 일하는 것을 좋아하십니다. 우선 맨먼저 인간을 위한 하나님의 율법을 보십시오. 이렇게 말씀하고 있습니다.

"엿새 동안은 힘써 네 모든 일을 행할 것이나"(출 20:9)

인간이 일주일 동안 3일이나 4일, 또는 5일 동안만 일하는 것은 결코 하나님의 계획이 아니었습니다. 하나님은 우리가 6일간 일할 것을 기대하신다는 사실을 하나님의 말씀은 명백히 보여주고 있습니다. 그리고 7일째, 우리는 모든 좋은 것과, 완전한 은사를 주시는 주님께 와서 즐거워하며, 찬양하도록 가르침 받고 있습니다. 천사들에게는 한 가지 사역이 있습니다. 그들은 그냥 앉아서 스스로 즐거워하고만 있고 아무것도 하지 않는 것이 아닙니다. 왜냐하면 하나님의 말씀이 이렇게 말씀하고 있기 때문입니다.

"모든 천사들은 섬기는 영으로서 구원 받을 상속자들을 위하여 섬기라고 보내심이 아니냐"(히 1:14)

어느 누구든지 틀림없이 어린이들이 놀고 있다가 위

험한 상황에 직면하게 되는 경우를 본 적이 있을 것입니다. 내가 마태복음 18장 10절 말씀을 떠올린 것은 그때였습니다.

"삼가 이 작은 자 중의 하나도 업신여기지 말라 너희에게 말하노니 그들의 천사들이 하늘에서 하늘에 계신 내 아버지의 얼굴을 항상 뵈옵느니라"

천사의 보호가 없었다면, 성장하여 어른이 되는 어린이들은 얼마나 될까하고 나는 생각합니다.

그러나 사단은 될 수 있는 한, 그리고 하나님이 허락하신다면, 하나님의 택한 자들을 모두 멸망시키려고 할 것입니다. 그러나 하나님은 자신의 소유인 자들을 지키는 책임을 이 천사들에게 부과해 놓으셨습니다. 만일 하나님이 그렇게 하시지 않으셨다면, 그리고 만일 우리 인생에서 우리를 지켜주는 대비책이 아무것도 없었다면, 우리가 태어나면 사단의 공격으로 쓰러지게 될 것입니다. 더구나 천사들의 이 사역은 우리의 생애 동안 계속되는 것입니다.

뒤돌아 본다면 우리가 하나님의 손길로 보호받았던 예가 많이 있을 것입니다. 구약성경에 기록되어 있듯이 하나님의 심판이 소돔에 떨어져 그 도시를 멸망시키려하였을 때, 하나님은 그 사실을 천사들을 통하여 롯에게 알렸습니다. 롯과 그의 가족이 그 불과 유황을 피할 수 있게 하기 위해서였습니다(창 19장).

사자굴에 들어가게 된 다니엘은 불가능한 상황에 직면했지만, 천사에 의해 보호를 받았습니다. 다니엘은 자기는 혼자가 아님을 알고서 두려움 없이 섰습니다. 그는 하나님의 능력은 무한하다는 사실을 마음속으로 확신하고 있었습니다. 그는 좌절하지 않고, 신경질적으로 흐르지 않았습니다. 그는 자신의 주님 안에서 완전한 신뢰와 확신을 가지고 있었으며, 하나님은 사자들의 입을 막기 위해 천사들을 사용하셨습니다. 다니엘은 이렇게 증거했습니다.

"나의 하나님이 이미 그의 천사를 보내어 사자들의 입을 봉하셨으므로"(단 6:22)

선지자 엘리사는 아람 군대에 포위되었을 때, 하나님께 "자기의 종의 눈을 열어달라"고 기도했던 것을 여러분은 기억하고 있을 것입니다.

그 종은 하나님의 군대가 자기들 주변에 진을 치고 있는 것이 보이지 않았습니다. 그는 그 전쟁의 한 가운데서 주님의 보호하심에 대한 아무런 영적인 안목도, 지식도 없었습니다. 겨우 그 종의 영안이 열리자 그는 말들과 불병거와 천사들이 산에 가득한 것을 보았습니다. 모두 그들을 보호하기 위해 하늘에서 파송되어 있었습니다(왕하 6:17).

만일 엘리야가 보았던 것을 우리도 볼수만 있다면 우리도 그 놀라운 광경을 보고 경이로움과 용기로 가득차게 될 것입니다. 왜냐하면 나는 하나님이 엘리사와 그의 종을 보호하셨듯이 지금 이 시간에도 하나님은 자신의 종들을 분명히 보호하시고 계신다고 믿기 때문입니다. 하나님은 여러분을 보호하고 계십니다. 하나님은 나를 보호하고 계십니다, 지금 열려가 당신을 짓누르고, 두려움이 당신의 모든 존재를 사로잡고 있어도, 당신을 둘러싸고 있는 천사의 군대를 당신이 볼 수만 있다면, 당신의 두려움은 사라지게 될 것입니다.

신약성경으로 돌아가서 투옥되어 있는 베드로에 대한 기록을 읽어보겠습니다(행 5장, 12장).

어느 경우도 베드로를 도우러 온 것은 하나님으로부터 보내심을 받은 천사였습니다. 사도행전 5장 19절에 베드로의 증언이 있습니다.

"주의 사자가 밤에 옥문을 열고 끌어내어 이르되"

나는 그 천사가 감옥 문의 열쇠를 가지러 가야 했다고는 생각하지 않습니다. 그렇습니다. 그 천사는 금고 파괴범(safe cracker)이 아니었습니다! 내가 믿기로 그 천사는 그 문이 자물쇠가 전혀 채워져 있지 않았던 것처럼 매우 간단히 문을 열었을 거라고 생각합니다. 베드로는 무슨 일이 일어났는지 알았던 것입니다.

비슷한 사건(행 12:5-10)이 베드로의 생애에서 일어난 것은 또 한 번 천사가 베드로를 감옥에서 풀어나오게 했을 때입니다. 이 부분의 말씀을 다시 읽어보면 천사가 이렇게 말하는 것을 상상할 수 있습니다.

"오너라. 베드로, 나를 따라 오너라. 출입구로 안내해 주겠다. 나를 따라오면 당신은 아무 일 없을거야"

우리는 모두 재난에 직면할 것처럼 되거나, 사고나 어떤 위험한 상황에 직면할 것 같은 경우가 있을 것입니다. 주님의 천사가 우리를 보호하고 있지 않았다면, 재난이 일어났을 것입니다.

보호하심은 하나님의 자녀로서 우리가 받은 상속 가운데 실제적인 일부입니다. 하나님의 위대한 우주 안에서 천사들은 바쁘게 일하는 피조물입니다. 그들이 자고 있거나, 휴식을 취한다고 한번도 말하고 있지 않고 오히려 그들은 밤낮 끊임없이 활동하고 있습니다.

"여호와의 천사가 주를 경외하는 자를 둘러 진 치고 그들을 건지시는도다"(시 34:7)

하나님이 그의 자녀들을 위한 계획 가운데, 우리 누구도 충분히 이해할 수 있는 범위를 초월한 것도 포함되어 있습니다. 천사들은 섬기는 군대(ministering hosts)이며, 우리를 보호하기 위해 하나님으로부터 보내심을 받았습니다. 하나님을 사랑하고, 경외하며 하나님께 순종하여 따르는 사람들 주변에 천사들이 진을 치고 있습니다.

여러분은 순간적으로 자기가 무언가를 하는 인상을 받고 왜 자신이 그렇게 하는 인상을 받은 건지 잘 모르는 경험이 있을지도 모르겠습니다. 그것은 나에게도 일어났습니다. 그런 경우, 우리가 주님의 천사로부터 인도받고 있거나, 천사에 의해서 보호받고 지켜지고 있을 가능성이 있습니다.

천사의 존재에 의해서 우리를 위한 문이 멋지게 열렸던 적이 있습니다. 그 당시 많은 천사들이 우리를 둘러싸고 있었을지도 모릅니다. 마치 열왕기하 6장 17절에 기록된 그 날에 천사들이 엘리사와 그의 종을 둘러 진쳤듯이 말입니다.

하나님이 천사들에게 명하여, 우리의 고난의 날에 우리를 보호할 뿐만 아니라, 우리를 도와주도록 하신다는 사실을 아는 것은 신자들에게 얼마나 놀라운 위로인지요!

하늘의 군대가 우리를 둘러싸고 있다는 사실을 알기만 한다면, 우리는 육의 팔을 신뢰하는 것은 점점 줄어들며, 자기를 지키기 위해 육의 병기를 의뢰하는 것도 점점 줄어들 것입니다. 우리는 하나님의 권능을 점점 더 신뢰하며, 안심하고 안식할 것입니다.

우리는 자기 주변에서 일어나고 있는 것에 마음이 빼앗겨 버린 나머지 하나님을 의지하는 것을 잊어버린 것은 아닐까 하고 나는 가끔 생각합니다. 우리는 스스로 싸우려고 하고 있기 때문에, 맨 처음의 곤란한 상태보다도 더 필사적인 상태에 빠져버리게 됩니다.

바로 지금 이 시간, 나는 여러분께 도전을 드립니다. 자기 자신의 생각을 의지하는 것을 멈추고, 주님을 의지하기 시작하십시오. 그분은 당신을 보호해 주실 뿐만 아니라, 당신을 구출해 주시기도 합니다.

우리에게 상상도 하지 못했던 문제가 발생할 때, 그분은 우리를 구출하는 여러 가지 수단과 방법을 가지고 계십니다. 우리의 싸우는 병기는 육체에 속한 것이 아니라고(고후 10:4) 성경은 말씀하고 있습니다. 우리의 싸우는 병기는 영적인 것입니다!

그러므로 바로 지금, 위를 올려다보고 확신을 가지고

이렇게 말하십시오.

"나도 하나님의 귀중한 자녀들 중 한 명입니다. 하나님이 선지자 엘리사를 보호해 주셨다면, 하나님은 나도 보호해 주실 것입니다. 하나님이 베드로를 위해 옥문을 열어주시고, 그를 풀어 자유케 하셨다면 하나님의 나의 여러 가지 문제와 나의 '감옥'에서도 이끌어 내 주실 것입니다!"

시편 91편은 모든 그리스도인들에게 매우 친밀하다고 나는 확신합니다. 그것은 하나님의 축복의 목록을 기록하고 있습니다. 그러므로 우리는 여기서 잠시 쉬었다가 그것을 함께 읽도록 합시다. 만일 여러분의 마음이 지금 이 순간 두려움으로 가득 차 있다면, 이 시편의 약속의 빛 가운데서 나는 두려워 할 이유가 없다는 사실을 여러분들게 상기시켜 드리겠습니다.

"지존자의 은밀한 곳에 거주하며 전능자의 그늘 아래에 사는 자여"(시 91:1)

바로 여기에 열쇠가 있습니다. 나는 지금 이렇게 물어보겠습니다. 당신은 하나님 안에 살고 있으며, 하나님도 당신 안에 살고 계십니까? 하나님과 당신의 관계는 어떻습니까? 당신은 어디에 살고 있습니까? 당신은 어떤 삶을 살고 있습니까? 당신이 하나님과 올바른 관계를 가지고 있지 않다면 이 시편의 후반부는 당신의 것이 아닙니다. 그렇지만 당신이 하나님과 올바른 관계를 가지고 있다면, 당신은 진실로 다음과 같이 말할 수 있습니다.

"나는 여호와를 향하여 말하기를 그는 나의 피난처요 나의 요새요 내가 의뢰하는 하나님이라 하리니 이는 그가 너를 새 사냥군의 올무에서와 심한 전염병에서 건지실 것임이로다 그가 너를 그의 깃으로 덮으시리니 네가 그의 날개 아래에 피하리로다 그의 진실함은 방패와 손 방패가 되시나니 너는 밤에 찾아오는 공포와 낮에 날아드는 화살과 어두울 때 퍼지는 전염병과 밝을 때 닥쳐오는 재앙을 두려워하지 아니하리로다 천 명이 네 왼쪽에서, 만 명이 네 오른쪽에서 엎드러지나 이 재앙이 네게 가까이 하지 못하리로다 오직 너는 똑똑히 보리니 악인들의 보응을 네가 보리로다"(시 91:2-8)

왜 우리는 이러한 은혜를 확신할 수 있을까요? 저와 함께 읽어 봅시다.

"왜냐하면 당신이 여호와, 나의 피난처, 지극히 높으신 분을 당신의 거처로 삼기 때문이다. 해악은 당신에게 임하지 못하며 재앙도 당신의 장막에 접근할 수 없다. 왜냐하면 그분은 당신을 위해, 자신의 천사들을 명하여, 당신의 모든 길에서 당신을 지키도록 하기 때문이다"

다시 한 번 여러분께 물어보겠습니다. 이러한 약속 가운데 어디에 두려움이 틈탈 여지가 있을까요? 어디에 염려하는 원인이 있을까요? 당신이 하나님을 신뢰하고 확신하고 있다면 어디에 불안과 좌절이 틈탈 여지가 있을까요?

당신이 주님을 당신의 피난처로 삼고 그분과 그분의 진리들을 당신의 주거장소로 삼았기 때문에 그분의 완전한 뜻이 아닌, 어떤 문제도, 어떤 재앙도 당신에게 임하지 못하며, 당신의 주거에 접근하지 못한다고 이 우주의 위대하신 하나님이 말씀하셨습니다. 또 주님은 자기 소유인 사람들을 위해 이러한 것들을 예비해 주셨기 때문에 천사들에게 여러분과 저를 담당시키고 우리를 모든 길에서 지켜주시는 것입니다.

놀라운 것은 그뿐만이 아닙니다. 천사들의 관심사는 우리를 지키는 것 뿐만이 아닙니다. 그들은 우리의 구속과 구원에도 관심이 있다는 사실을 알고 계십니까?

예수님은 우리의 구속자가 되어주신다고 하는 우리가 알고 있는 이 기쁨을 천사들 자신은 결코 경험할 수 없다는 사실을 여러분께 상기시켜 드립니다.

의아하게 생각할지도 모르겠습니다만, 그 이유는 천

사들은 혼을 가지고 있지 않기 때문입니다. 그리스도 안에 있는 구원을 발견한 사람의 인생에 생기는 전율과 기쁨, 평강을 천사는 결코 알 수 없습니다. 그럼에도 불구하고 천사는 우리의 구원과 우리의 구속의 계획에 깊은 관심을 가지고 있습니다. 베드로전서 1장 12절에 천사들은 이 위대한 구원의 계획을 보고 싶어한다고 기록되어 있습니다. 이것은 천사들이 호기심을 가지고 있다는 것을 보여줍니다. 예수님이 분명히 말씀하셨듯이 회개한 한 사람의 죄인으로 하나님의 천사들 앞에 기쁨이 있습니다(눅 15:7).

여러분도 나도 혼의 지극히 귀중한 가치를 알지 못할지도 모르지만, 천사들은 알고 있습니다. 여러분도 나도 한 인간이 회심하는 것을 당연한 것으로서 생각하고 있을지도 모릅니다. 그러나 천사들은 예수님의 피가 모든 죄를 정결케 해주실 때, 일어나는 위대한 기적을 잘 이해하고 있습니다. 누군가가 그리스도를 구주로 영접할 때, 우리에게는 그 사람의 약간의 감정이 드러남 밖에 보이지 않는 경우가 있습니다. 그렇지만 내가 확신을 가지고 말할 수 있는 것은, 천사들이 그러한 기적을 볼 때는 하늘에 있는 그들 사이에서 커다란 흥분과 기쁨이 있다는 것입니다. 여러분은 이것에 놀랄지도 모르겠습니다. 내가 처음으로 이 사실을 깨달았을 때도 그랬습니다. 그렇지만 그것은 천사들이 회개한 한 사람의 혼의 가치를 알고 있기 때문입니다.

  그렇습니다. 이런 모든 것은 놀라운 것입니다. 그러나 그것 뿐만이 아닙니다. 나에게 영광스러운 클라이막스, 하늘의 천사들의 모든 사역의 장대한 피날레가 되는 것은 우리가 그들을 가장 필요로 할 때에 일어납니다. 즉, 이 죽어야 할 몸이 최후의 숨을 거두는 순간입니다.

  천사에 관한 모든 말씀들 가운데서 우리가 죽을 때(주님의 재림 전에 우리가 죽는다고 가정하면)에 천사들이 우리를 위해 섬기는 사역만큼 위로가 되는 진리는 그외에 아무것도 알지 못합니다.

  여러분도 아시듯이, 성도가 죽을 때, 그의 혼과 영은 곧바로 천국으로 가고 그의 육신은 일시적으로 묘 인에 놓여져서, 그리스도의 재림의 때에 있을 몸의 부활을 기다리게 됩니다. 성도의 영과 혼이 천국에 들어가기 위해서는 이 지구를 둘러싸고 있는 대기를 통과해야 할 필요가 있습니다. 우리가 알고 있듯이, 우리의 지구를 둘러싸고 있는 대기는 사단과 그의 타락한 천사들이 거하는 장소입니다. 사단은 "공중의 권세잡은 자"로 말씀 가운데서 설명되고 있습니다. 또 이들 타락한 천사들은 오래 전부터 그리스도의 원수일뿐만 아니라, 그리스도께 속한 모든 자들의 원수이기도 합니다. 그러므로 성도가 죽어서 지구에서 천국으로 옮겨지는 것은 사단과 그의 타락한 천사들로부터 격렬한 공격을 받게 될 것임을 논리적으로 얘기해 볼 수도 있습니다. 왜냐하면 그것은 그들에게 천국에 가려고 하고 있는 신자들을 공격할 마지막 기회이기 때문입니다.

그러므로 만일 그것에 대한 하나님의 여러 가지 약속이 없었다면, 성도가 결코 천국에 이르지 못하는 것도 가능합니다. 그러나 하나님은 이것을 위해서도 놀라운 준비를 해주셨던 것입니다. 특별한 군대, 천사들의 군대가 있습니다. 그들의 특별한 임무는 하나님의 백성이 죽을 때, 그들의 혼을 하늘 거처로 데려오는 일, 바로 구주의 임재로 데려오는 일입니다. 이것은 나에게 천사들의 역할 가운데서 가장 흥분을 느끼게 하는 것중의 하나입니다.

만일 당신이 그리스도인이라면, 당신은 아무것도 염려할 필요가 없습니다. 사소한 것으로 심신을 소모시키는 것을 멈추십시오. 죽음에 대한 염려도 멈추십시오. 우리의 하늘 아버지는 어느 것 한 가지도 잊으시지 않습니다!

여러분이 여러 가지 두려움에 직면하고 있음을 나는 압니다. 나도 역시 두려움에 직면하기 때문입니다. 그렇지만 내가 기본적인 것을 마치고, 나의 숙제(homework)

를 스스로 할 수 있는 것을 한 후, 나는 배웠습니다. 내가 부족한 곳을 하나님이 인계받으시고, 또 채워주십니다. 그분이 다스립니다. 그분은 내가 지상에 있는 동안, 나의 영적인 필요도, 나의 어떤 물질적 필요도 모든 세세한 것까지 배려해 주실 뿐만 아니라, 내가 모든 길에서 안전하게 보호되어 천국에 확실히 도착하도록 해주십니다. 그리고 하나님은 그 일을 여러분을 위해서도 해주십니다!

누가복음 16장 22절을 주의하여 읽어보십시오.

"이에 그 거지가 죽어 천사들에게 받들려 아브라함의 품에 들어가고"

하나님의 말씀은 그가 천사들에 의해서 호송되었다(escorted by angels)고는 말하고 있지 않습니다. 천사들에 의해서 아브라함 품에 데려가졌다(carried by angels)고 말하고 있습니다. 나사로는 옮겨졌습니다! 그것은 얼마나 놀라운 경험이었을까요!

또 하나님 집에 가는 모든 성도들에게 그것은 얼마나 놀라운 경험이 될 것인지요! 죽어서 하늘의 천사들에 의해 하나님의 임재 안으로 옮겨지는 전율을 맛보고 싶다고 생각하게 할 정도입니다. 확실히 그것은 죽음으로부터 두려움을 제거합니다. 그리고 하나님을 위해 사는 삶을 살아온 사람에게 죽음은 두려운 원수가 아니라 영광스러운 절정이 되는 것입니다.

우승하여 세계 챔피온이 된 사람들은 모국에 돌아가면 존경받고, 축배를 받게 됩니다. 군중들이 기다리고 있으며, 깃발이 나부끼고 환영 테이프와 색종이가 공중에 흩날리고 비밀 경찰과 많은 군대에 둘러싸여서, 그 위대한 승리자는 고관들과 함께 특별차로 행진합니다.

그렇지만 사랑하는 여러분! 믿음이 있는 그리스도인이 "하늘 집"에 가서 받게되는 그 영예와 전율에 비교하면 그것은 아무것도 아닙니다. 그리스도인은 이 흙의 몸을 떠나 이 낮은 지구에서 해방되어 모든 눈물과 모든 고통과 모든 실망에 종지부를 찍는 것입니다!

우리는 죽음을 두려워하거나 겁먹을 필요는 없습니다. 그리스도인에게 있어서 죽음은 모든 부끄러움을 뒤로하는 것, 슬픔의 원인이 되어 있던 모든 상처를 뒤로함을 의미합니다. 죽음이란 하늘의 군대(heavenly host)에 둘러싸여 하나님의 천사들에 의해 하나님 자신의 놀라우신 임재 안으로 옮겨져서 "집으로 돌아가는 것"입니다. 그것은 말로 표현할 수 없는 기쁨입니다.

"사망아 너의 승리가 어디 있느냐 사망아 네가 쏘는 것이 어디 있느냐"(고전 15:55)

하나님을 신뢰하고 하늘 아버지를 의지한다면, 죽음의 모든 가시는 사라집니다. 우리는 다윗과 함께 확신을 가지고 이렇게 말할 수 있습니다.

"내가 사망의 음침한 골짜기로 다닐지라도 해를 두려워하지 않을 것은 주께서 나와 함께 하심이라 주의 지팡이와 막대기가 나를 안위하시나이다"(시 23:4)

이제 당신은 혼자가 아닙니다! 이제부터 하늘 아버지는 당신을 홀로 있게 내버려 두지 않습니다. 그분은 인생의 마지막 순간까지 당신과 함께 있어주십니다. 그리고 이 죽어야 할 생명이 끝나는 마지막 날, 천사가 당신의 주 하나님의 임재 안으로 당신을 부드럽게 옮겨갈 것입니다. 그리스도인이라는 것은 그러한 의미입니다.

제 13 장
구름의 균형

여러분이 나와 같이 구름사이를 날아가는 비행기의 좌석에서 밖을 바라보며, 공중에서 많은 시간을 보낸 적이 있다면 알고 계실지 모르겠습니다. 내가 캘리포니아에 가는 동안, 성경을 펴서 욥기 37장 16절의 놀라운 말씀을 읽었던 것은 뭔가 우연이라고는 생각하지 않았던 것입니다.

"겹겹이 쌓인 구름과 완전한 지식의 경이로움을 아느냐"(욥 37:16)

구름이 비로 가득차 있을 때도 있지만, 하늘을 덮고 있는 것이 알지 못하는 손길임을 아는 것은 얼마나 큰 위로인지요!
우리가 구름 사이를 통과하고 있고 하늘이 어두운 때에도, 비가 내리고 있거나, 태양이 빛날 때에도, 우리가 직면하는 환경과 상황에 관계없이 하늘을 덮고 있는 것은 알지 못하는 손길은 아닐까 하고 깨달음을 경험할 수 있는 것은 인간에 있어서 이 세상에서 가장 놀라운 것이며, 최고의 보증입니다!

그렇습니다. 어두운 그림자가 자욱이 드리워져도, 그것은 우리가 신뢰하는 분의 뜻대로 드리워진 것입니다. 당신이 하나님의 자녀라면, 만일 당신이 하나님의 뜻 한 가운데서 살아가고 있다면, 만일 당신이 하나님께 육신의 혼도 영도 맡기고 있다면, 만일 당신이 자신을 헌신하고, 자신의 원함을 구하지 않고, 자신의 인생도, 의지도 하나님께 완전히 굴복해 드리고, 하나님의 손길에 인도받고 있다면, 하나님의 자비로우신 목적을 성취시키기 위해 하나님이 정하신 것 이외에, 과거에도 장래에도 슬픈 일이 당신에게 닥치는 것은 하나도 없습니다.

우리가 너무나 눈이 멀어 있으며, 구름의 균형과 모든 것을 완전히 알고 계시는 하나님의 신기한 역사를 이해할 수 없을 때도 있습니다. 그러나 그분의 이름은 사랑이며, 모든 신비의 배후에도 변함없는 빛이 존재하고 있음을 우리는 알고 있습니다. 우리가 구름의 균형을 볼 때, 그것은 완벽한 지식과 완벽한 지혜이신 분의 신기한 역사입니다. 우리는 항상 이해할 수 있는 것은 아니지만, 오래 전에 나는 한 가지 사실을 발견했습니다. 혹독한 시련에 의해, 평범한 그리스도인은 비범한 성도가 되고, 비범한 봉사에 쓰임받기에 합당한 자가 됩니다. 당신이 누구인가는 관계가 없습니다. 당신은 자신이 이 세상에서 극히 평범한 사람이라고 생각할지도 모르지만, 하나님은 당신의 인생을 들어서, 가장 아름다운 인생으로 바꾸실 수 있으며, 당신을 "비범한 성도"로 만드실 수 있습니다. 그리고 하나님이 당신을 "비범한 성도"가 되게 하셨을 때, 그분은 당신을 "비범한 봉사"에 쓰시는 것입니다. 틀림없이 여러분은 내가 다음의 말을 몇번이나 하는 것을 들은 적이 있을 것입니다.

"하나님이 구하시는 것은, 은그릇이나 금그릇이 아닙니다. 하나님이 구하시는 것은 항복한 그릇들(yielded vessels)입니다"

또 때때로, 구름이 어두운 색으로 변하고 폭풍이 될 때, 완벽한 지식을 가지고 계신 분께 계속 양도해 드리는 것은 쉬운 일이 아닙니다. 그러나 우리는 그분께 완전한 신뢰와 확신을 가지고 그분을 신뢰해야 합니다.

다음과 같은 예로서 내가 말하려는 것이 이해하기 쉬워지리라 생각합니다.

나의 정원에는 몇 종류의 식물이 있습니다. 그중 하나는 특히 아름답습니다. 나는 그것이 싹을 내고, 꽃을 피

우게 되기까지 보아왔습니다. 그후 폭풍이 오거나, 비가 와서, 매우 아름다웠던 그 꽃이 무정한 폭풍으로 갑자기 그 봉우리가 처져버리고 말았습니다. 훌륭한 자태도, 아름다움도, 모두 없어져버린 것 같았습니다. 밤이 지나고, 아침이 오고, 다시 태양이 빛나서, 빛과 힘을 그 꽃에 가져다 주었습니다. 내가 다시 그 꽃을 보니, 그 꽃은 봉우리를 높이 들고 있으며 꽃잎은 활짝 피어 있었습니다.

그것은 훌륭한 모습을 되찾을 뿐만 아니라, 이전보다도 더 아름다워져 있는 것처럼 보였습니다. 무서운 폭풍과 만났던 이 꺾이기 쉬운 꽃은 패배자처럼 보였습니다. 그러나, 그 폭풍보다도 강한 능력을 만났을 때, 그 아름다움이 회복되었을 뿐만 아니라, 전보다도 아름답게 되었던 것입니다.

내 자신의 능력이나 힘 이상으로 위대한 일을 행할 능력을 받는 것이 어떻게 가능한가 하는 것은 나는 알지 못합니다. 그렇지만 나는 그것이 사실임을 알고 있습니다. 단지 한 점 빼앗겼다고 해서 패배해야 할 필요는 없다는 사실을 나는 알고 있습니다. 여러분께 진실을 말씀드리겠습니다. 그리고 나는 그 말에 생명을 걸고 말씀드립니다. 만일 당신이 성령과 접촉하게 된다면, 당신은 단지 한 점을 빼앗긴 것으로 패배할 필요는 없습니다.

당신이 경험하고 있는 폭풍이 얼마나 큰가라든가, 당신이 지금 통과하고 있는 구름이 얼마나 짙고 어두운가 하는 것은 관계 없습니다. 우리가 말하고 있는 것은 주 예수 그리스도의 긍휼에 대해서이고, 하나님의 자비, 그리고 하나님의 측량할 수 없는 사랑입니다. 그러나 여러분도 나도 성령과 교통함 없이 생활하면서, 승리를 아는 것은 불가능합니다. 바로 성령께 우리의 힘과 승리의 비결이 있습니다.

위대한 사도 바울도 성령의 권능이 없었다면, 승리의 삶을 살 수 없었으며, 생명을 위협했던 저 수많은 폭풍우에 견딜 수 없었을 것입니다. 여러 가지 시련을 승리하는 가운데 타개해 나갈 수 없었을 것입니다.

"당신은 구름의 균형(the balancings of the clouds)을 알고 있습니까?"

여러분은 내가 "인생은 균형입니다"라고 말하는 것을 들은 적이 있을 것입니다. 인생은 결코 기쁨만이 있는 것이 아닙니다. 그러나 "인생은 즐거움의 연속이어야 하며 매일 매일이 멋진 야외놀이 같아야 한다"고 생각하는 사람들도 있습니다.

당신도 한 명의 인간이라면, 슬플 때도 있고 실망할 때도 있습니다. 비극도 있을 것입니다.

그렇지만 하나님은 구름의 균형이 있도록 적절하게

조치해 주십니다. 지금은 구름이 있어도, 조만간 태양도 확실히 떠오르게 될 것입니다. 여러분은 하나님이 구름의 균형을 취해 주실거라고 언제나 알 수 있습니다. 하나님은 완벽한 지식을 갖고 계시기 때문입니다.

당신의 책임은 당신의 인생에서 구름의 균형을 조절하는 것이 아닙니다. 당신과 나의 역할은 그러한 구름에 어떻게 직면하여, 우리의 슬픔과 어떻게 대처하는가 하는 것입니다.

구름의 균형을 조절하는 것이 우리가 할 수 있는 일이라면, 우리는 아름다운 태양빛으로 충만한 날들을 보낼 것입니다. 우리는 기온을 너무 춥게 하거나 너무 덥게 하는 것도 없이 딱 알맞는 온도로 조절할 것입니다. 우리는 천기를 조절하지 못하며, 구름의 균형도 조절할 수 없습니다. 어느 누구도 불가능합니다.

오직 하나님만이 그러한 구름의 균형을 조절하는 방법을 정확히 알고 있습니다. 여러분과 내가 마음을 써야 할 것은 그 비극에 우리는 어떻게 대처하는가 그 괴로움과 그 슬픔, 실망들이 찾아왔을 때, 우리는 어떻게 대처하는가 하는 것 뿐입니다.

여러분은 모세가 죽은 후, 하나님께서는 이스라엘 백성을 약속의 땅으로 인도하여 들이는 일을 여호수아에게 맡기셨던 것을 알고 있을 것입니다. 이 위대한 영웅,

여호수아에게는 인간으로서 약점이 없었던 것이 아니고 두려움이 있었음이 분명합니다. 왜냐하면 주님께서 그에게 이렇게 말씀하셨기 때문입니다.

"강하고 담대하라 두려워하지 말며 놀라지 말라 네가 어디로 가든지 네 하나님 여호와가 너와 함께 하느니라"

(수 1:9)

분명히 이것은 지금까지 하셨던 말씀 가운데서 가장 확신을 주며, 가장 의미심장한 말씀 가운데 하나입니다.

여러분에게 있어서도 마찬가지입니다. 한 차례 당신이 하나님의 가르침을 듣고, 자신이 하나님의 자녀임을 깨닫고 하나님을 신뢰했다면, 한 번 당신이 그분과 그분의 약속을 믿어야 할 필요가 있다고 알았다면, 당신은 직면하는 인생에서 필요한 용기를 얻을 수 있습니다. 당신은 오늘의 생활에 직면할 용기를 가져야만 합니다.

그러나, 그 방법이 문제입니다. 우리는 완벽한 지혜이시며, 완벽한 지식이신 분 안에서 용기를 가지고 장래와 내일의 모든 문제와 직면하지 않으면 안됩니다. 또 삶을 잘 살기 위한 용기는 정결한 토대를 필요로 한다는 것도 분명히 인식해 주십시오.

사람은 용기를 가지면서 동시에 안이한 삶을 살 수 없

다는 것도 마음에 명심해야 한다고 나는 믿습니다. 나는 이 점을 분명히 말해두고 싶습니다. 용기는 당신의 삶에서 사용되어야 합니다. 그렇지 않으면 당신은 더 이상 자신이 용기를 갖고 있지 않다는 사실을 깨닫게 될 것입니다. 말씀에도, 인간의 경험에도 우리가 "안이한 생활"을 영위하므로 안전하다는 것을 나타내는 것은 아무데도 없습니다.

그것이 바로 우리가 살고 있는 세대의 잘못된 것임을 나는 때때로 느낍니다. 오늘날의 세대는 "역사상 가장 강건한" 세대라고는 불려질 수 없는 세대입니다. 안이한 생활을 좋은 것인양 생각하는 경향이 있지만, 그것을 피하도록 우리는 매우 주의를 하지 않으면 안됩니다. 오늘날 너무나도 많은 사람들이 쉽게 달아날 구멍과 안이한 삶을 찾고 있는 것처럼 생각됩니다. 최근 나에게 와서 이렇게 단언한 아버지를 나는 결코 잊을 수 없을 것입니다.

"나의 아들과 딸은 내가 그들의 나이 때 경험했던 것을 결코 경험할 필요가 없습니다. 결코 말입니다! 나는 태어나면서부터 가난했습니다. 우리는 5센트 동전 두 개조차도 갖고 있지 않았습니다. 나는 매일 아침 네 시에 일어나, 나무를 잘랐습니다. 학교까지 5마일을 걸어서 다녀야 했고, 눈이 온 겨울날에는 너무나

추웠습니다. 내가 소년이었을 때, 방과 후와 토요일은 언제나 일을 해야만 했습니다. 하지만, 나의 아들은 그렇게 할 필요가 없습니다. 내가 경험해 왔던 것은 나의 자녀들은 결코 감당할 수 없을 것입니다"

이 아버지가 자기의 자녀들에게 자신이 알고 있는 고생을 시키지 않는다는 철학은 자기 자녀들에게 매우 이롭지 못한 처사인 것 같습니다.

고생과 어려움은 사람을 사람되게 만들어 줍니다!

인생에서 직면해야만 하는 곤란한 일들이야말로 진실로 당신을 강하게 하며 성숙한 어른이 되게 해주는 것입니다. 물론 당신이 이러한 것을 경험하고 있는 동안은 그것이 다음 단계로 나아기기 위한 디딤돌이라고는 생각하지 않습니다. 그렇지만 실제 사람은 그의 길에서 조우하게 되는 여러 가지 고통스런 일들로 인해, 주님께 감사드려야 합니다.

나는 지금 뒤돌아보고, 나의 발을 상처나게 했던 모든 돌들로 인해 하나님께 감사드립니다.

그리고 당신이 신실하게 그것이 가능하게 될 때, 당신은 지혜에서도 진정한 성장을 하고 있는 것입니다.

인간으로서 생활에서 뛰어나며 의의 있는 일들을 성취하고 있는 사람들, 최고의 기쁨과 최고의 만족을 주는 승리를 경험하고 있는 사람들은 곤란을 하나의 도전으로 받아들이고, 그것에 비틀거리지 않는 사람들입니다.

당신이 무엇을 하더라도 고난과 여러 가지 구름들에 의해서 자신의 인생을 패배하지 않도록 하십시오.

"겹겹이 쌓인 구름과 완전한 지식의 경이로움을 아느냐"(욥 37:16)

여러 가지 구름의 균형을 취하는 것은 하나님께 맡기십시오. 하나님을 신뢰하는 것이 당신의 책임이며 당신의 역할입니다!

산상수훈강해
복 있는 사람들

발행일	2002년 3월 30일
5쇄	2023년 9월 1일
지은이	캐트린 쿨만
옮긴이	김병수
펴낸이	장사경
해외마케팅 국장	장미야
편집디자인	송지혜
펴낸곳	Grace Publisher(은혜출판사)

주소 서울 종로구 숭인 2동 178-94
전화 (02) 744-4029 **팩스** 744-6578
출판등록 제 1-618호.(1988. 1. 7)

ⓒ 2002 Grace Publisher, Printed in Korea
   ISBN 89-7917-438-1   04230
   ISBN 89-7917-435-7   04230 (세트)

이 출판물은 저작권법에 의해 보호를 받는 저작물이므로 무단 전재와 무단 복제를 할 수 없습니다.